本能寺の変

藤田達生

講談社学術文庫

はじめに

「敵は本能寺にあり」「是非《ぜひ》におよばず」「中国大返し」「洞《ほら》ケ峠」「天下分け目の天王山」「三日天下」――、歴史好きな人だけでなく、たいていの日本人はこれらの言葉のどれか一つぐらいはご存じであろう。

いずれも天正十年（一五八二）六月二日、まだ夜も明けやらぬ京の本能寺で起こった「本能寺の変」と、それに続く二週間ほどの事柄にまつわる言葉である。

今から約四百四十年も昔の事件に由来するこれらの言葉が私たちの脳裏に浮かぶということは、本能寺の変が日本史上まれにみるクーデター（武力政変）であるばかりか、そこに登場する明智光秀・織田信長・羽柴秀吉・徳川家康をはじめとする有名無名の人物の言動が、現代の私たちに忘れがたい印象を残しているからであろう。

本能寺の変は、日本の中世から近世への転換期に起こった事件であった。そうした転換期は、伝統的な支配体制と価値観を守ろうとするいわゆる「守旧派」と、それを打ち壊して新たな体制と価値観を創ろうとするいわゆる「改革派」との激烈な争いとなるのが常である。

織田信長は、天下人を頂点とする専制支配体制の確立と中世武士の意識変革をめざしていた。明智光秀の背後には、室町時代を支えてきた足利幕府や朝廷に連なる広範な人々の連携があった。本能寺の変は、これら新旧二つの勢力のせめぎ合いのなかから起こった政治的事件なのである。

本書には二つのテーマがある。

その一つは、信長のめざした「構造改革」とはどのようなものであったのか、それに対立し反発した「守旧派」の動きはどのようなものであったのかを明らかにすることである。とりわけ、信長の力で将軍となったが、そののち対立して京都を離れたものの、「守旧派」の中心となって十年間も信長を悩ませた将軍・足利義昭《よしあき》の行動とその幕府の実態を明らかにしたい。

二つ目は、羽柴秀吉が本能寺の変とその後に果たした役割を明らかにすることである。本能寺の変の時、京からはるかに離れた備中にいた秀吉は、その後、わずか一ヵ月ほどで天下人への足がかりをつかむことになったが、それは彼の幸運によるものだったのだろうか。「秀吉神話」の原点となる、備中高松城（岡山市）の水攻めから山崎の戦いの時期を中心に、秀吉の動きを追ってみたい。

（本書では室町・戦国時代をトータルに論じるために、「室町幕府」「室町将軍」の呼称を使わなかった。「室町」は足利義満が営んだ京都室町の室町第《てい》（邸）に由来するが、歴代将軍の幕府は所在を変えたし、戦国時代には京都を離れることもあったからである。）

目次

本能寺の変

プロローグ

1 「本能寺の変」の人脈

謀反《むほん》は信長への恨みから？

天正十年（一五八二）六月二日の早朝、織田信長は宿舎とした京都本能寺で、明智光秀の軍勢に急襲されて亡くなった。信長の好んだとされる謡曲「敦盛《あつもり》」の「人間五十年、化天《げてん》の内をくらぶれば、夢幻《ゆめまぼろし》のごとくなり」の「五十年」に満たぬ、四十九歳の死であった。

天下統一を目前にした信長を、彼によって一介の牢人《ろうにん》から重臣にまで取り立てられた光秀が殺したのである。この名高い「本能寺の変」は、日本史上まれにみる政変であっただけに、なぜ光秀が恩義のある主君・信長に謀反を起こしたのか、なぜ本能寺の変が起きたのかについては、昔からさまざまな説が唱えられてきた。

テレビドラマなどを通じて読者もご存じの通説では、信長に人前で辱められたことにプライドの高い光秀が恨みを抱き、毛利軍と対峙している羽柴秀吉の援軍に行けと命じられたのに腹を立て、いわばとっさの思いつきで信長を襲ったとされている。

いわゆる怨恨《えんこん》説であるが、人形浄瑠璃《じょうるり》の「絵本太功記《たいこうき》」では、安土城を訪れた徳川家康の供応役を命じられた光秀が、饗宴の準備がなっていないと信長に叱りつけられたうえに、信長の寵臣《ちょうしん》・森蘭丸に鉄扇で額を殴られることになっている。

この話は昔から人々がなじんだ芝居や講談、あるいは読み物で伝えられ、しかも明治以来の歴史学者もおおむね「光秀怨恨説」の立場をとっていたから、これはいわば本能寺の変の「定説」のようになっていた。

しかし、第二次世界大戦前の光秀怨恨説にさしたる根拠があったわけではない。朝鮮・中国への侵略戦争が続き、軍部が力をふるった戦前では、「天下布武《てんかふぶ》」のスローガンのもと、さっそうと武力で天下を統一しようとした信長は何といっても英雄であったし、その信長に謀反を起こした成り上がり者の光秀などは忠君の教えに背く逆臣の典型であった。

信長の弔い合戦に駆けつけた羽柴秀吉によって、光秀が山崎の戦いでたちまち敗れ、「三日天下」と称される短命に終わったこと、信長を倒したあとの光秀の政権像がよくわかっていなかったことも、怨恨説が支持される背景にあったと思われる。

信長を英雄視する「信長中心史観」と、光秀を逆臣とする怨恨説は、一体となって日本社会に広まったのである。

光秀一人が企てたことなのか？

こうした光秀怨恨説は、本能寺の変から四百年近くも、いわば「歴史常識」となっていたが、第二次世界大戦後に戦国時代の研究が進むにつれて、さまざまな「異論」が現れてきた。

その先駆けとなったのが、高柳光寿《みつとし》氏の「光秀野望説」であった。光秀が信長に抱いた怨恨なるものを関係史料から詳しく検討された高柳氏は『明智光秀』（一九五八年）のなかで、怨恨説のどれを取っても、それらは後世の人の作り事、つまりフィクションであることを論証し、光秀は信長に代わって天下人になりたかったのだと主張された。

これに対して桑田忠親氏は、本能寺の変の当時、日本にいた宣教師ルイス・フロイスの『日本史』の記述をもとにして、『織田信長』（一九六四年）や『明智光秀』（一九七三年）のなかで、光秀怨恨説を復活させた。フロイスの著には信長と光秀の相容れない性格の違いや、安土城で信長が光秀を「足蹴《あしげ》にした」ことが記されている。桑田氏は、いくら野心があったとしても光秀のような部将クラスにすぎない者がいきなり天下を望むはずはない、謀反はやはり光秀の恨みが原因であったと主張されたのである。

両氏の説は、何が光秀を主君殺しに走らせた動機だったのかという点ではまったく異なるが、本能寺の変は光秀による単独謀反であるとした点では同じだった。

ところが一九九〇年代になると、これとはまったく異なる説が登場した。それは、本能寺の変は光秀個人がおこなったのではない、彼は誰かに操られて、あるいは何ものかと結託して事を起こしたのだとする「黒幕説」である。

そのきっかけを作ったのは作家の桐野作人《さくじん》氏の『信長謀殺の謎』（一九九二年）だった。そのなかで桐野氏は、当時の朝廷を中心に作られた「反信長神聖同盟」とでもいうべきものが光秀を動かした結果、本能寺の変が起こったとされた。光秀は信長襲撃の実行者ではあるが、本当の首謀者は別にいる、しかもそれは信長と対立関係にあった朝廷であるという衝撃的な内容であった。

それまでにも、あれほどの政変を光秀単独でやったとするのは無理がある、誰かが背後にいたに違いないと推論する人はいたが、桐野氏のようにはっきり主張された人はいなかった。そして、桐野氏の説を史料面から明らかにされたのが、立花京子氏である。

信長改革への反発

立花氏は、未公刊の「天正十年夏記」を丹念に読み解いた結果、いわゆる「三職推任《さんしきすいにん》問題（将軍、太政大臣、関白の三つのうち、信長をどれに任ずるかの問題）」などで圧力をかける信長と朝廷の間に対立関係が生まれ、危機感をもった朝廷の誠仁《さねひと》親王と近衛《このえ》前久《さきひさ》が信長を打倒する計画に参画したと推論された。さらに「本能寺の変と朝廷」（一九九四年）では、「変」に朝廷が関与していることを踏まえて、「真の黒幕」を想定しなければならないとされたのである。

立花氏の朝廷関与説によって、光秀単独謀反説はまったく顧みられなくなったかというと、必ずしもそうではない。最初に朝廷関与説を唱えた桐野氏のように、自説を転換して光秀単独謀反説に戻った人もいる。このように単独か、それとも複数の協力者に支えられていたのかについては、なお議論が分かれているが、光秀が背いた原因は、信長の進める改革への反発にあったとみることでは共通している。

立花氏の説が専門家のみならず一般の人々からも注目されたのは、それまでの信長や光秀の人物論を中心とした説に対して、政治史の視点から「なぜ本能寺の変が起こったのか」に本格的に迫るきっかけを与えたためではないか。

群雄割拠する戦国の末期に、天下統一を目前にした信長の死に利害関係をもつと思われる人物は光秀以外にもたくさんいる。ざっと見ても中国の毛利氏、北国《ほっこく》の上杉氏、四国の長宗《ちようそ》我部《かべ》氏、大坂から紀伊に下った本願寺、京の朝廷、そして信長に追放された将軍・足利義昭。彼らは皆、信長の軍事力と政略に圧迫され、存亡の機にあった。誰もが信長を倒すもっともな理由があり、本能寺の変を企ててもおかしくはない情況だったのである。

では、変を主導した人物は誰か？　それに応じた光秀側の要因とは何であったのか？　これらの動きを織田政権論として叙述することにしよう。

2　戦国時代

二人将軍の時代

謎ときをする前に、本能寺の変が起こったころはどのような時代情況だったかを、かいつまんで述べておきたい。

八代将軍・足利義政の相続争いに端を発した応仁の乱（応仁元年〜文明九年［一四六七〜七七年］）は、それからほぼ百年続く戦国時代の幕開けとなった。やがて将軍家は、足利義澄《よしずみ》の系統（義澄－義晴－義輝《よしてる》－義昭）と足利義稙《よしたね》の系統（義稙－義維《よしつな》－義栄《よしひで》）との二つに分裂し、将軍位をめぐって争うようになった。

戦国時代の政治は、この二つの系統の対立が、斯波《しば》・畠山・細川という管領家《かんれいけ》やその家臣団、そして有力守護家の、分裂・抗争・衰退と複雑に絡み合って展開した。しかも、京都にいることを原則としていた守護の大半が続々と本国に移ったから、それまで本国支配の実権を握っていた守護代と衝突することも少なくなかった。

尾張の織田信長もこうした抗争と無関係ではなかった。

信長の父・信秀は尾張守護代・織田達勝《みちかつ》のもとで、一時は主君をしのぐほどの実力をもつ猛将であったが、天文二十一年（一五五二）三月に病死し、信長が家督を継いだ。

当時の尾張守護・斯波義統《よしむね》は、斯波氏の分国の一つである尾張の清須城（愛知県清須市）にいたが、天文二十三年（天文二十二年説もあり）七月、尾張守護代・織田信友との反目から信友の家臣に殺され、子息の義銀《よしかね》は那古野《なごや》城（のちの名古屋城）の信長を頼ったのである。

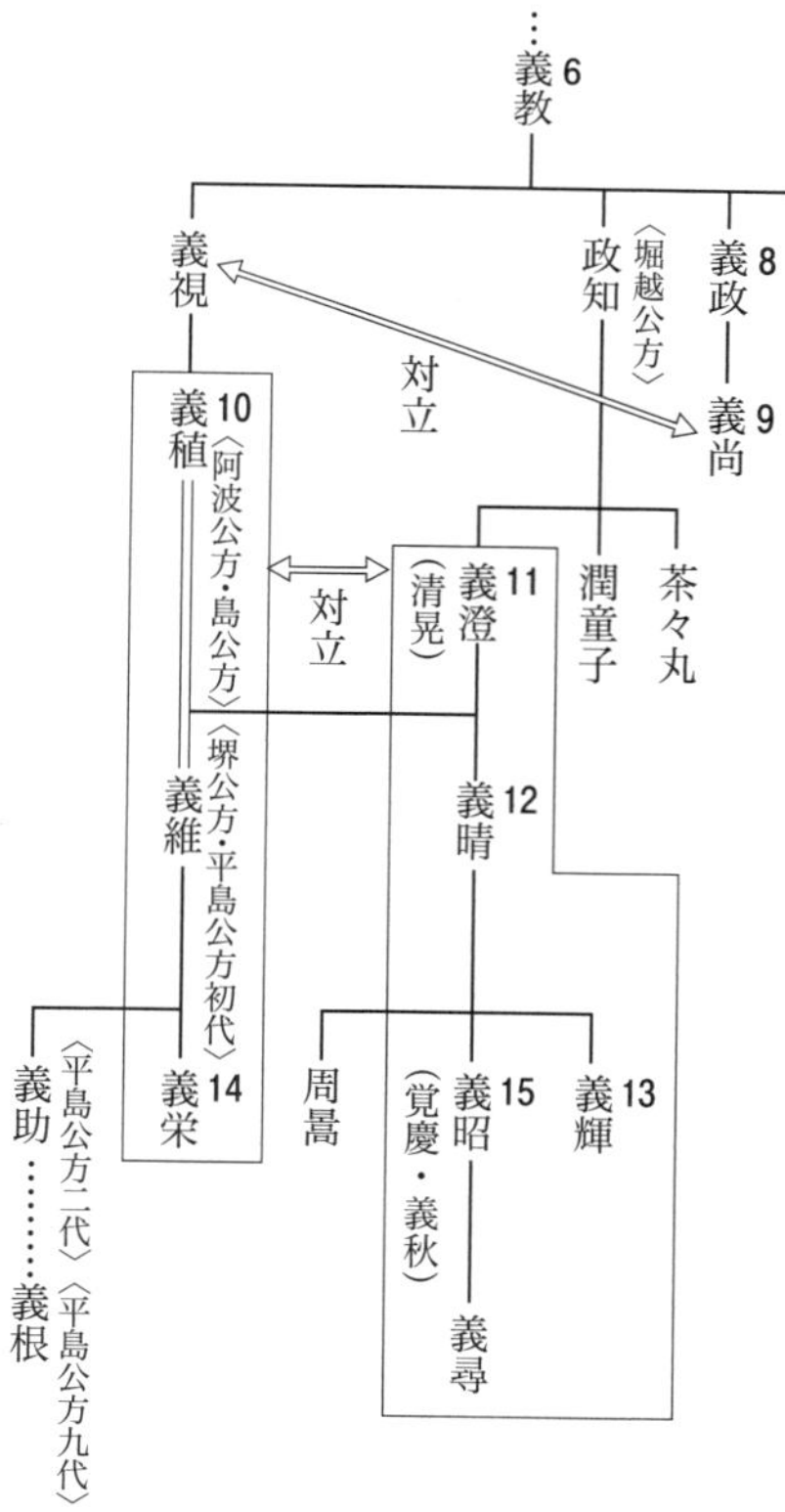

戦国時代の足利将軍継承図（数字は継承した順）

そこで信長は天文二十四年四月に清須城を攻め、信友を滅ぼした。そして義銀を守護と遇して清須城を献上すると、信長自身はそれまでの守護代の慣例に従って城の櫓《やぐら》を住まいとした。

こののち信長は、対立する他の守護代や兄弟縁者との抗争を勝ち抜いて、分裂していた尾張一国を統一することになるが、永禄二年（一五五九）に足利義澄につながる十三代将軍・義輝に拝謁《はいえつ》して、事実上の尾張守護代としての地位を固めた。信長は、守護―守護代という地域支配の体制を復活させるとともに、二つに分裂して対立する将軍職の一方、義澄系統の将軍を奉ずることになったのである。

その後、信長は義輝を、義輝没後はその弟の義昭を奉じて幕府の復興のために尽力した。永禄十一年九月、信長は義昭とともに上洛《じょうらく》（地方から京都に上ること）し、同年十月に幕府は再興された。しかし将軍義昭と信長は程なく対立し、幕府は分裂する。

ところで、歴史の教科書も含めて一般には、十五代将軍・足利義昭が信長によって京都を追われた元亀四年（天正元年、一五七三）七月をもって幕府は滅亡したとされている。

これを通説としたのが、田中義成氏の『織田時代史』（一九二四年）と奥野高広氏の『足利義昭』（一九六〇年）である。田中氏は、信長が義昭を追放して「天正」と改元したことを、足利時代と信長時代の境目とされた。この見方を継承した奥野氏は、追放以後の義昭を「前将軍」として位置づけられた。したがって、義昭が京都を離れた時点で、幕府は滅亡したことになる。

しかし義昭は、天正十六年正月に落飾するまで現職の将軍だったし、信長と対立して京都を離れて以降も、将軍としての権力をすべて失ったわけではなかった。彼の命令によって戦国大名や大坂本願寺を巻き込んだ信長包囲網が作られ、信長はそれに対して何年もの間、戦わねばならなかった。明治以来の「信長中心史観」に染まっていては、この事実をみることができないばかりか、本能寺の変の真相をつかむことはできないのである。

東アジアに迫る南欧勢力

一方、この時代は世界史的に見ても一大動乱期だった。ヨーロッパでは、鉄炮（火縄銃）と大砲を使用する軍事革命が始まっていた。

ヨーロッパ南部ではオスマン帝国軍が進出して、神聖ローマ帝国の首都ウィーンを包囲し、ドイツではルターのローマ教会批判をきっかけとして激しい宗教戦争が始まった。これより先、イスラム教徒に対する国土回復運動（レコンキスタ）を終えたスペインは、コロンブスによる新大陸「発見」（一四九二年）をきっかけに、十六世紀前半にはアステカ王国とインカ帝国を征服して巨大な植民地を築いていた。こののち、スペインはマニラを占領（一五七一年）し、その船はしばしば西日本に現れた。

羅針盤を用いた優秀な航海技術をもとに莫大な富を求めて海外制服をめざすスペインとポ

ルトガルは、あらかじめ利権がぶつからないように、ローマ教皇を交えてキリスト教以外の異世界を世界規模で二分した（デマルカシオン）。南欧両国間における排他的な航海領域の設定と新発見地の領有や独占権については、一四九四年のトルデシリャス条約の締結によってルールが決定されたのである。

これによると、日本はポルトガル領となる予定だった。ポルトガル国王は、このような独善的な植民地化を正当化するために、ローマ教皇に働きかけて、新発見地に対するカトリック化を推奨し、保護する姿勢を示した。これによって、アジア諸国に新たな紛争が引き起こされ、深刻な動乱の歴史が紡がれてゆくことになる。

ポルトガルはヴァスコ・ダ・ガマの艦隊が東回りでインド西岸のカリカットに達した（一四九八年）のち、ゴアに拠点を築き、続いてマレー半島のマラッカを占領した。こののち、ポルトガル船は南シナ海に進出し、その一つが天文十二年（一五四三）、種子島に漂着して、はじめて鉄炮を日本に伝えたとされる（なお、伝来時期や伝来経路については論争がある）。

ポルトガルは中国南部のマカオにも貿易基地を築いた（一五五七年）が、こうしたポルトガルの貿易ルートを利用してイエズス会の宣教師が各地に布教をおこない、その一人であるフランシスコ・ザビエルが鹿児島に着いて布教をはじめたのは天文十八年のことであった。

信長が政治の表舞台に登場する時代は、南欧両国が東アジアに勢力を伸ばし、鉄炮そしてキリスト教を日本にもたらした時代でもあったのである。

第一章　明智光秀が背いた原因はなにか？

1　足利義昭――将軍をめざす

一転した運命

天文六年（一五三七）十一月三日、十二代将軍・足利義晴に次男が生まれた。彼こそが、のちに十五代将軍となり、波乱の生涯を送ることになる足利義昭である。しかし彼が生まれた時は、既に長男の義輝（のちの十三代将軍）が家督を継ぐことになっていた。

このこともあって天文十一年、わずか六歳の義昭は、関白・近衛稙家《たねいえ》の猶子《ゆうし》（相続を目的としないで結ぶ、親子関係の子の称）として大和の興福寺一乗院に送られ、覚慶《かくけい》と名のることになった。

当時の一乗院は、大和国内に広大な領地と関所や市場の支配権をもち、さらには京都大覚寺などを末寺とする裕福な寺であった。義昭が幼少期に仏門に送られたのは、足利幕府の苦しい台所事情もあったと思われる。すでに幕府の直轄地である御料所《ごりょうしょ》から入る税収がひどく落ち込んでいたのである。

覚慶は、一乗院の後継者となるべく修行にはげみ、永禄五年（一五六二）に一乗院の門跡《もんぜき》・覚誉《かくよ》が亡くなると、そのあとを継いで門跡となった。その後、彼は権少僧都《ごんのしょうそうず》の位に進み、興福寺の有力者となる道を着実に歩んでいた。

ところが予期せぬ事件が、覚慶の人生を一変させることになった。

永禄八年五月十九日、兄の十三代将軍・足利義輝が三好義継《よしつぐ》に率いられた三好長逸《ながゆき》や松永久通《ひさみち》らに白昼襲撃され、京都の二条御所で横死《おうし》したのである（永禄の政変）。身の危険を感じた覚慶は、一乗院を抜け出し、近江国甲賀《こうか》郡の和田惟政《これまさ》のもとに逃れた。

現在も滋賀県甲賀市甲賀町和田の故地には、「公方《くぼう》屋敷」とよばれる一角がある。これは、惟政が覚慶に提供した城館跡であろう。

覚慶は、ここで還俗《げんぞく》して義秋《よしあき》と名のると、将軍になる意志を明らかにして、三好三人衆が担ぎ出した十四代将軍・義栄《よしひで》と対立した。義秋は自らが将軍になることで、祖父の十一代将軍・義澄以来、義晴－義輝と続く将軍家の血筋を継ごうとしたのであろう。

義秋はその後、近江から若狭を経て越前の戦国大名・朝倉義景《よしかげ》を頼り、そこで永禄十一年四月に元服すると義昭と改名した。上洛して将軍任官を果たすために、それ以前から義昭は上杉謙信、武田信玄、北条氏康《うじやす》、毛利元就《もとなり》など、当時の有力な諸大名に協力を求めていた。

織田信長、環伊勢海地域を制する

義昭が協力を求めた一人が、兄の義輝と面識があり、尾張で急速に力をつけつつあった織田信長だった。すでに信長は、尾張統一を目前にした永禄二年（一五五九）二月に、少数の側近とともに上洛し、義輝に尾張守護代の地位を認めてもらっていたのである。

上洛したといっても、信長が天下取りの野望を秘めていたというわけではない。当時の信長は尾張一国を安定させることが第一で、将軍―守護―守護代という伝統的な地域支配体制を重んじていたのである。

永禄三年に、信長は尾張の東部を脅かしていた今川義元を桶狭間《おけはざま》の戦いで倒し、永禄五年に三河岡崎城の徳川家康と同盟を結んで尾張の東国境を安定させると、次に北の脅威となっていた美濃をおさえるために、永禄六年に小牧山《こまきやま》に城を築いて侵攻拠点とした。

美濃は斎藤道三《どうさん》以来の強国であったが、上洛するための戦略的要地となることから、信長の攻撃は執拗《しつよう》だった。永禄十年八月、信長に通じた西美濃三人衆（稲葉良通［一鉄］・氏家《うじいえ》卜全《ぼくぜん》・安藤守就《もりなり》）が主君の斎藤龍興《たつおき》に謀反を起こし、稲葉山城（現在の岐阜城）は陥落して、龍興は伊勢国長島（三重県桑名市）に逃れた。

美濃を制覇した信長は、環伊勢海三ヵ国（尾張・美濃・伊勢）の支配拠点として、居城を稲葉山城に移し、地名をそれまでの井ノ口から岐阜に改めた。そして同年十一月からは、有名な「天下布武《てんかふぶ》」の印章を使い始めた。

「天下布武」の印章の一つ。四つのタイプがあるが、これは龍を配したもの

この四文字は信長の学問の師であった僧・沢彦《たくげん》が選んだものといわれているが、この印章を印《しる》すことで信長は、衰退した京の幕府と朝廷を、自らの武力で復興するつもりであることを公然と表明したのである。彼が足利幕府に代わる新しい政権を作ろうとした表れだとする説もあるが、この当時の信長は、急速に拡大した領国を固めるためにも、しっかりした幕府が必要だった。

信長にしてみれば、その幕府とは、足利義満によって樹立された足利家の当主「室町殿」を頂点とする伝統的な公武一統政権でなければならなかった。

すでに、義昭は信長の援助を望んでいた。いまや、信長も義昭を奉じて上洛する態勢が整ったのである。

明智光秀——牢人から義昭の側近に

永禄十一年（一五六八）七月、信長は美濃の立政寺《りゅうしょうじ》（岐阜市）に義昭の一行を迎えた。この対面を実現させたのは、義昭の側近・細川藤孝《ふじたか》と明智光秀だったといわれている。義昭、信長、光秀三人のまさに運命的な出会いであった。

光秀の若いときのことはよくわかっていない。

明智光秀に関わる最も古い史料とされるのは、足利義輝・義昭に仕えた幕府役人の名を記した「永禄六年諸役人附」で、その後半部分に、「足軽」として「明智」の名が載っている。

もちろんこの「足軽」は、雑兵の意味ではなく、騎馬武者ではない将軍の近臣のことである。光秀の出自とされる美濃の守護・土岐《とき》氏の一族には、幕府に仕えた奉公衆が多いことからも、この「明智」は若き日の光秀と考えてよいだろう。

「永禄六年諸役人附」の後半部分は、永禄八年八月から永禄十一年十月、すなわち義昭が興福寺一乗院から亡命した直後から、将軍に任官する直前までの義昭の側近衆を示すものとみられている。

光秀は、なんらかの理由から故郷の美濃を離れて、諸国を浪々の末、越前の戦国大名・朝倉義景に仕え、そこで義景に庇護《ひご》されていた義昭の一行に加わり、取り立てられて側近になったのであろう。

美濃を去って主家をもたない牢人《ろうにん》となった光秀は、まず京都へ向かったと思われる。彼の有職故実《ゆうそくこじつ》や古典に対する深い教養、上方の上級武士・文化人との人脈は、越前時代に形成されたとは考えられないからである。

光秀が仕えた越前の朝倉義景は、京好みの大名で、彼の城下町・一乗谷《いちじょうだに》（福井市）には、公家や学者をはじめ連歌師、医師、僧侶などがしばしば訪れていた。

『明智軍記』によると、光秀は義景から五百貫文の知行を与えられ、鉄炮足軽百人を預けられたという。これをそのまま信用することはできないが、教養豊かな光秀が厚遇されたことは確かであろう。

現在、一乗谷の大手道筋にあたる東大味《ひがしおおみ》（福井市）には、光秀の屋敷跡とされる場所があり、その一角に「あけっつぁま」と地元でよばれている明智神社がある。

光秀は上洛したのちも、この一乗谷に愛着をもっていたようで、天正三年（一五七五）の信長による越前一向一揆鎮圧の際は住民の安否を気づかい、信長勢の首将・柴田勝家に働きかけたという言い伝えが残っている。当地では毎年、光秀の命日にあたる六月十三日に護摩《ごま》供養《くよう》がおこなわれているという。

念願の将軍へ

永禄十一年（一五六八）七月、岐阜に義昭を迎えた信長はただちに上洛戦の準備に入った。

九月には尾張・美濃・伊勢の軍勢に、同盟者となった徳川家康の三河の軍勢を加えて出陣すると、近江観音寺城《かんのんじ》（滋賀県近江八幡市安土町）の六角《ろっかく》氏や三好三人衆の抵抗を一蹴して入京し、瞬《また》く間に畿内を平定した。そして義昭が念願の十五代将軍に任官したのは、同年十月十八日のことであった。

入京直後から、光秀は信長に任命された京都奉行の一人として都の行政に腕をふるい、一方では義昭の側近衆の一人として、筆頭格の細川藤孝と肩を並べるまでになる。このように、光秀は同時に二人の主人に仕えたのである。

義昭の幕府関係者については、前述した「永禄六年諸役人附」の後半部分に記されているが、永禄十二年一月に信長が義昭に提出した「殿中御掟《おんおきて》」にも載っている。そこには、延べ約百二十人もの幕臣の名前が記されている。久野雅司氏の研究によれば、義昭の幕府は政治機構を整備し、御料所を再興し、さらに京都の商工業権益なども掌握する実体のあるものであったという。

対立する義昭と信長

これまで義昭の幕府は信長のあやつる傀儡《かいらい》政権にすぎないとか、義昭の幕府と信長の権力はそれぞれ別の組織として独立しており、一種の二重政権であるという見方があった。実際には、この当時の両者の関係はどのようなものだったのだろうか。

信長は、義昭を奉じて畿内を武力で制圧し、光秀をはじめとする有能な幕府衆を組織することで幕府を再興した。久野氏によると、当時の幕臣の構成は、
①和田惟政、細川藤孝などの、上洛以前から義昭に仕えてきた者

②摂津の池田勝正《かつまさ》などの、上洛以前から畿内で国規模の支配を実現していた者
③三淵藤英《みつぶちふじひで》などの、足利義晴・義輝・義栄以来の幕臣だった者
の三つであった。

ここで重要なのは、①②③の幕臣は、同時に信長の家臣として組織されていたことである。その代表的な存在が光秀といえよう。義昭の幕府と信長の権力は、光秀らの有力者を媒介にして一体となって機能していたのである。

この当時、しばしば信長は副状《そえじょう》（主君の命令を部下が詳しく説明した書状）を出すなどして義昭を支えたが、それは、あくまでも幕臣としての立場からであった。

しかし、義昭・信長の蜜月時代は続かなかった。ほどなく二人は幕政の実権をめぐって鋭く対立することになった。

それを示すのが、義昭が幕府を復興した翌々年の永禄十三年（元亀元年、一五七〇）正月二十三日付で、信長が義昭に承認させた五ヵ条からなる書状（条書）である。

その第四条には、これ以後の「天下の儀」、すなわち重要な政治的・軍事的事項は義昭に代わって信長がすべて執行する、第五条では、「天下御静謐《ごせいひつ》（平和）」を実現するために朝廷に対してぬかりがあってはならないと記されている。信長は、幕政を動かすのは自分であり、義昭ではないと明言したのである。それは幕府に対する信長の政治姿勢が変化したことを示している。

この書状にみられる義昭の印章は、信長に強要されてのものであろうが、これを捺《お》した時点で、両者の政治的地位は逆転した。

ここから、二人の確執は抜き差しならないものとなった。

将軍の「御謀反」

義昭は凡庸な人間ではない。軍事的な才能はなかったが、歴代の足利将軍のなかでは抜群といえるほどの政治力の持ち主だった。兄の義輝の死後、一貫して将軍職をめざしてきた経歴を見てもそれは感じられるが、何よりも義昭は、たとえ名目であっても、現職の将軍がもつ権威というものをよく知っていて、それを有効に使う術《すべ》に長《た》けていた。

元亀年間（一五七〇～七三）を通じて、信長から幕府の実権を取り戻すために、義昭は浅井氏や朝倉氏などの戦国大名や大坂本願寺に対して、信長に圧力をかけるように働きかけた。

義昭自身も、あとで述べるように元亀四年（天正元年、一五七三）七月に槙島《まきしま》城（京都府宇治市）に立て籠もり、公然と信長に反旗をひるがえした。しかし信長が攻撃すると、たちまち破れて、河内若江《かわちわかえ》城（大阪府東大阪市）の三好義継を頼って落ち延びた。

信長の一代記『信長公記《しんちょうこうき》』には、将軍が「御謀反」したので、信長がやむなく退治した結果、（義昭は）牢人になったと記している。当時の信長は、天皇の権威を背景に幕府の実権を握っていた。したがって将軍義昭といえども、信長への敵対行為は、謀反と位置づけられたのである。

義昭は追放したものの、信長には新しい幕府を作るつもりはなかったので、義昭の子息（のちの義尋《よしひろ》）を擁立した。幕府を滅亡させたとみられると、義昭に呼応する反信長勢力が一斉に蜂起する恐れがあったからである。またこれは、自分に従う光秀ら幕府衆への配慮でもあったであろう。

大坂本願寺と長島一揆

京を追われた義昭が、信長に対抗する大坂本願寺と手を結んだ影響は大きい。当時の大坂本願寺（大阪市中央区、現在の大阪城公園）は、宗教的権威ばかりでなく、政治的・軍事的な力をもつ一大勢力で、信長にとっては東の武田信玄にも匹敵する大敵であった。

義昭に呼応した大坂本願寺は各地の一向宗（浄土真宗）門徒に、信長に対する蜂起を呼びかけた。その典型が、有名な長島一向一揆である。

木曾三川《さんせん》（木曾川、長良川、揖斐《いび》川）の合流する伊勢長島に、浄土真宗の願証寺《がんしょうじ》を建立したのは、本願寺の蓮如《れんにょ》の子・蓮淳《れんじゅん》であった。この寺は「河内御堂《かわちみどう》」とも称され、一向一揆の一大拠点となっていた。

現在の三重県桑名市長島町は、埋め立てによって細長い島状の地形になっているが、当時は大小の島々が浮かび、交通はすべて舟でおこなわれていた。早くから伊勢の完全支配をめざした信長も、水軍力の不足から、この地域には手をつけられなかった。

元亀元年（一五七〇）に大坂本願寺は、諸国の門徒に決起を呼びかけた。長島においても同年十一月に一揆勢が攻勢をかけ、尾張小木江《こきえ》城（古木江城とも。愛知県愛西《あいさい》市）を守っていた信長の異母弟・織田信興《のぶおき》が自刃した。

当時、浅井・朝倉連合軍と対陣し、近江宇佐山（滋賀県大津市）で籠城していた信長は、この報を受けると、あわてて正親町《おおぎまち》天皇に斡旋を頼み、浅井・朝倉軍と講和すると、長島一揆対策に本腰を入れることにした。

元亀二年五月、信長の軍勢は長島を攻撃したが、指揮をとる柴田勝家が重傷を負い、氏家卜全が討ち死にする惨敗に終わった。この時期、大坂本願寺の顕如《けんにょ》の指令により、近江堅田《かたた》（大津市）でも反信長の一向一揆が蜂起した。

元亀三年十月には、信長の恐れていた武田信玄が上洛を開始し、浅井・朝倉両氏や一向一揆勢力も、この動きに呼応した。

この頃、長島一揆は岐阜から三里の地点に砦を構え、それを斎藤氏の重臣だった日根野《ひねの》弘《ひろ》就《なり》が守備していた。かつて信長に追われた斎藤龍興をはじめとする美濃衆は、長島一揆と結んで美濃の奪還をめざしていたのである。

皆殺しは「天下のため」

元亀四年（天正元年、一五七三）になると、信玄の進軍にあわせて、信長を包囲する諸勢力が一斉に動き出した。しかし信長軍の反撃を受けて、義昭の企ては誤算に終わった。同年二月に堅田一揆が鎮圧され、頼みの綱の武田信玄も、上洛途中の四月に信濃駒場《こまんば》（長野県阿智《あち》村）で病死した。さらに七月には、義昭自身が槙島城で敗退し、八月には朝倉氏が、九月には浅井氏が滅亡した。長島一揆も九月末から信長軍の攻撃を受けたが、近江の甲賀郡中惣《ぐんちゅうそう》や伊賀惣国《そうこく》一揆からの援軍を得て、なんとか撃退することができた。

翌天正二年（一五七四）七月、信長は長島一揆に対して総攻撃をかけた。志摩の九鬼《くき》嘉隆《よしたか》や北畠信雄《きたばたけのぶかつ》（信長の次男）の水軍まで動員し、九月までに長島地域を完全に包囲した。兵粮《ひょうろう》を断たれた一揆勢は大量の餓死者を出して降伏するが、信長は撤退する一揆衆に対して容赦なく鉄炮を撃ちかけ皆殺しを図った。また近隣の中江城や屋《や》長島《ながしま》城に籠もっていた男女二万人も、ことごとく焼き殺したといわれる。

信長は、長島一揆を制圧した直後の九月三十日付の書状で、この一揆勢に対する「根切り」すなわち皆殺しは、自分一人のためにおこなったものではなく、「天下のため」のものであると述べている。

信長は、長島一揆のように武器をもち抵抗する農民を徹底的に弾圧することを「天下のため」として正当化したが、それは信長の考えていた身分政策の中核に、すでに農民の武装解除――兵農分離――があったことを端的に示すものであった。

現実政治家・信長

前述したように、元亀四年（一五七三）七月、信長は槙島城を攻めて将軍・足利義昭を追放し、天正と改元した。一般的には、これをもって足利幕府は滅亡したとみなされ、その後の義昭の行動にも、ほとんど関心が払われていない。しかし、実際にはこの時点で幕府は滅亡しておらず、義昭も在国（京を離れること）の将軍として権威をもち、反信長の動きをその後も活発に続けたのである。

一方、信長にも幕府体制を否定する意志があったとは思われない。これについては、その後の展開からみてみたい。

天正元年（一五七三）十一月、毛利氏の使僧（交渉役の僧）・安国寺恵瓊《あんこくじえけい》は、七月に追放された義昭の処遇をめぐる交渉のために堺を訪れた。義昭も到着しており、信長方の羽柴秀吉らを交えて会談がもたれた。

この会談で注目されるのは、信長が義昭の帰洛を認めていることである。

交渉そのものは、義昭が信長に人質を要求したため決裂してしまったが、会談を終えた恵瓊は国許に報告した書状のなかで、来春の年頭儀礼は義昭の子息に対しておこなうべきであると信長から言われたと記している。義昭の子息とは、槙島城を開城する際に信長が人質として取った義昭の二歳になる子ども（後の義尋）のことであり、年頭儀礼とは、正月に将軍に対して臣下が年賀を述べる恒例の儀式である。

これ以後、信長は義昭の子息を「大樹《たいじゅ》（将軍の唐名）若君」として庇護し、近い将来に、その子を将軍にするという意向を表明している。したがって、義昭との交渉が不調に終わった時点においても、信長が足利幕府体制を否定していたとは考えられないのである。

義昭の執念

堺での交渉が決裂した後、義昭は紀伊に向かった。同国に結成された反信長勢力を頼ったのである。

由良《ゆら》の興国寺（和歌山県由良町）に逗留した義昭は、その直後の天正元年（一五七三）十二月十一日に、近隣の亀山城（和歌山県御坊市）にいた幕府奉公衆の湯河直春に御内書《ごないしょ》（将軍の公式命令書）を送り、自らに対して忠節を尽くすように命じている。

また天正二年二月六日付で、義昭は熊野本宮の衆徒や那智大社へも、協力をうながす同文の御内書を送っている。おそらく、熊野三山（本宮・新宮・那智社）に対して一斉に出されたものであろう。義昭の闘志はいささかも衰えていなかったようだ。

紀伊に移った直後から、義昭は信長包囲網を強化することに傾注した。紀伊国内の諸勢力に対して、協力を要請したばかりか、上杉謙信・武田勝頼・北条氏政との軍事同盟を結ぼうと全力を傾けたのである。

一方、この時期の信長は、義昭追放をきっかけにした反信長勢力の一斉蜂起を懸念しており、とりわけ友好関係にあった越後の上杉謙信の離反を恐れていた。信長が、狩野永徳が描いた絢爛豪華な「洛中洛外図屛風」（現在は山形県米沢市所蔵、国宝）を、天正二年三月に深雪の中をはるばる越後春日山城（新潟県上越市）まで搬送させ謙信に贈った背景もここにあった。

天正三年は、義昭にとって苦渋に満ちた年となった。四月には三好康長が降伏して河内が織田領に取り込まれ、五月に武田勝頼が長篠《ながしの》の戦いで織田・徳川連合軍に惨敗し、八月に越前一向一揆が鎮圧され、十月には大坂本願寺が信長と和議を結んでしまったのである。

このような戦局の悪化が、義昭に毛利氏の領国への退去（翌天正四年）、すなわち備後国鞆《とも》の浦《うら》（広島県福山市）へ移ることを決意させることになった。

2　明智光秀——栄達から危機へ

重臣への抜擢

光秀は、元亀二年（一五七一）九月の比叡山焼討ちののち、信長から恩賞として近江国滋賀郡に所領を与えられた。これによって光秀は、当時の織田家随一の重臣であった佐久間信《のぶ》盛《もり》に次ぐクラスの仲間入りをしたことになる。

光秀は近江の坂本に入ると、のちに安土城築城後に天下第二の城といわれる坂本城（滋賀県大津市）の築城を開始した。京都の東を守る要衝《ようしょう》の地に位置する城を預けられたということからも、当時の光秀がいかに信長から信頼されていたのかがわかる。のちに光秀は、丹波亀山城（京都府亀岡市）を築いて丹波支配の拠点とするが、終生の本拠地は坂本城であった。

この時期、光秀が琵琶湖の舟運を握っていた堅田衆を組織したことは注目される。たとえば、明智姓を与えるほどの重臣となる猪飼甚介《いかいじんすけ》は、堅田水軍のリーダーであった。彼らは、真宗門徒でもあったから、光秀は堅田衆と真宗寺院との結びつきを切り離すことに努めたのである。

近江の堅田には、滋賀・高島両郡と湖北の三浦（塩津・海津・大浦）の門徒を組織する慈《じ》敬寺《きょうじ》があった。この寺は、本願寺の蓮如が北国へ下る際、堅田に小堂を建立したことに始まる。先に述べた伊勢長島の願証寺と同様に、蓮如の子息・蓮淳から始まり、実賢《じっけん》―実誓《じっせい》―証《しょう》智《ち》へと続く有力な寺院であった。

元亀元年十一月に、浅井・朝倉連合軍と信長との戦いが、この堅田を舞台におこなわれた。その折、慈敬寺の実誓は浅井・朝倉方と結んで、門徒衆と堅田の侍・住民を組織して、徹底抗戦している。

さらに元亀四年二月には、実誓を継いだ慈敬寺の証智が足利義昭の求めに応じて、光秀らの織田軍と今堅田で合戦を繰り広げた。証智は門徒衆を指揮するとともに、義昭と結んだ近江勢多《せた》の山岡氏や磯貝氏などと連携して織田軍と戦った。

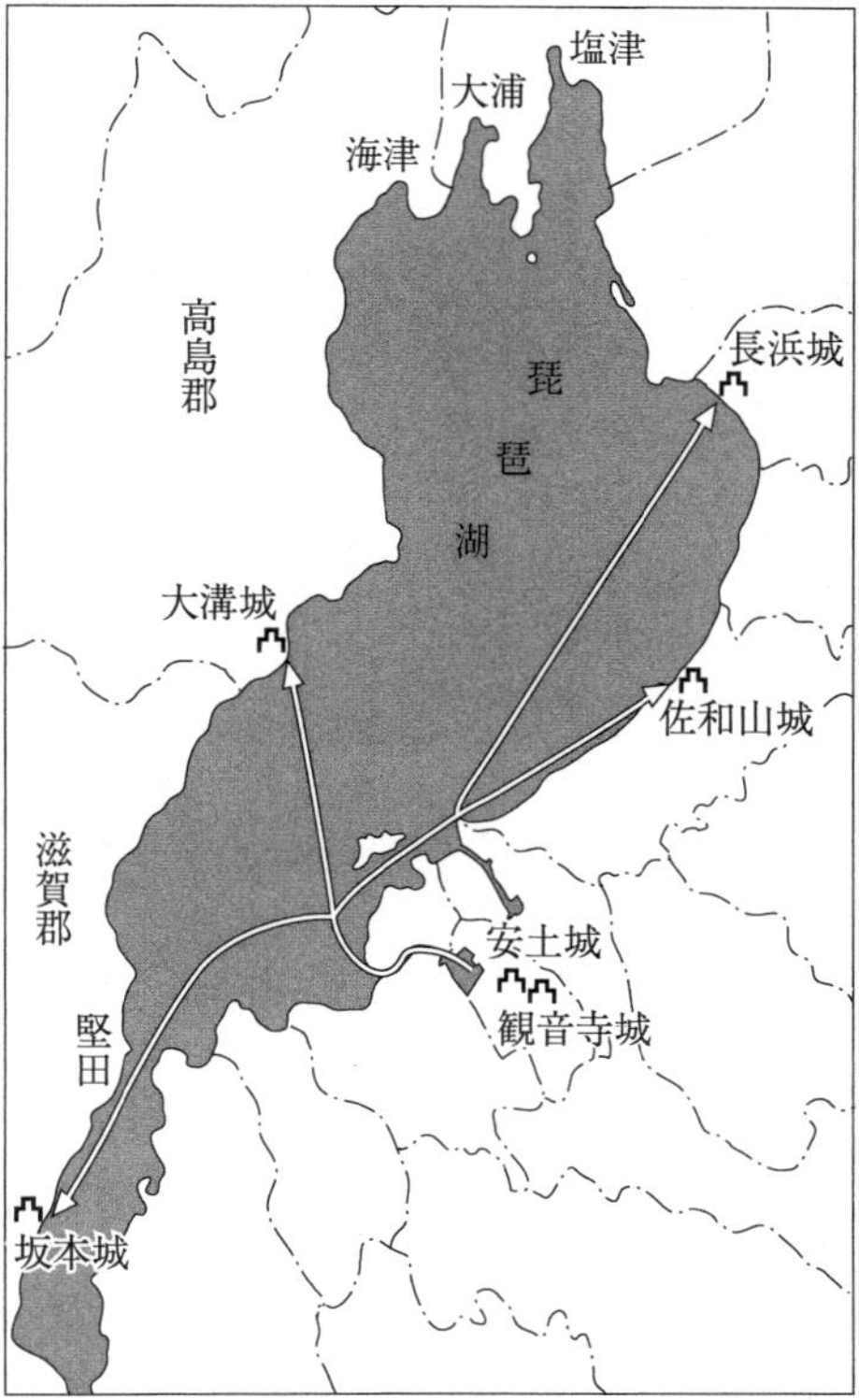

信長時代の近江。安土城を扇の要にして、各城を見通すことができ、船で容易に往来できた。

義昭を見限る

この滋賀郡を平定する過程で、光秀は主君の義昭と衝突した。すでに両者の利害は相容れなくなっていた。関係史料からは、元亀二年から同三年にかけて、義昭との主従関係を解消したことがわかる。

主君と臣下の関係が固定された江戸時代と違って、戦国時代の主従関係は一種の契約でドライでもあったから、非力なボスに見切りをつけた部下がさっさと他の実力者に乗り換えるのは、何の不思議もないことであった。

光秀は、義昭よりも信長のほうが武家を束ねるリーダーとしての器量が勝っていると判断したに違いない。しかも信長が、義昭追放後もその子息を将軍候補として奉じていたから、幕府衆の多くも安心して京都に留まっていた。光秀ら幕府衆にとっては、実力のある人物が幕府体制を維持してくれれば、それでよかったのである。

信長は天正三年（一五七五）五月に長篠の戦いで武田勝頼を破り、十月には一向一揆を扇動していた大坂本願寺と講和すると、十一月に、従三位権大納言《ごんのだいなごん》に任官し、さらに右近衛大将《うこんえのだいしょう》を兼ねた。

これによって信長は、将軍義昭とほぼ同等の権限を獲得した。これ以降、信長は将軍相当の実力者として振る舞うようになり、光秀をリーダーとする幕府衆が信長を支えることになった。

光秀は、その後二つの方向で活躍する。その一つは、丹波を平定するための軍事行動であり、二つ目が、土佐の戦国大名・長宗我部《ちょうそかべ》元親《もとちか》と結んで四国を統一する外交官としての働きである。

これらはともに、信長が入京する直前まで畿内の実権を握っていた三好氏を排除することにつながっていた。丹波は三好氏の勢力圏であったし、四国では阿波をはじめ、讃岐や伊予の東部二郡を三好氏が支配していたからであった。

天正七年、光秀は丹波平定を成し遂げ、翌年に信長から恩賞として丹波一国を与えられ、丹後に配置された細川藤孝を与力として預けられた。さらに失脚した佐久間信盛に属していた大和郡山《こおりやま》城主の筒井順慶《じゅんけい》も光秀の与力となり、池田恒興《つねおき》（伊丹城主）・中川清秀（茨木《いばらき》城主）・高山重友《しげとも》（右近、高槻《たかつき》城主）らの摂津衆にも光秀は影響力をもつことになった。

これらによって光秀は、近江国滋賀郡と丹波・丹後の経営を担当するとともに、大和から南山城・摂津方面、さらには四国地域にも影響力をもつ、織田家随一の重臣としての地位を獲得したのである。信長に仕えてから、わずか十三年目の快挙であった。

外交官・光秀

光秀は、信長政権と土佐の戦国大名・長宗我部氏を結びつける外交官として、四国政策に深く関わることになった。

天正三年（一五七五）七月、長宗我部元親は土佐国を統一した。元親は、引き続き阿波を本拠とする三好勢力の攻略に着手したが、遠交近攻策（遠国の勢力と結び、近隣勢力を攻めること）により、天下の実権を握りつつあった織田信長に接近した。

天正六年十月二十六日付の元親へ与えた信長の朱印状から、信長が烏帽子親《えぼしおや》となり、元親の子に名前の一文字を与えて「信親《のぶちか》」とすることを許したことがわかる。

「烏帽子親」とは、武家の男子が元服の際、親にかわって烏帽子をかぶらせる人のことで、将来を託すべき有力者に依頼するのが昔からの武士の習いであった。このことからも、当時の元親がいかに信長を頼りにしていたかをうかがうことができよう。

ここで注目したいのは、元親から信長への取次を、一貫して光秀がおこなっていたことである。これは、光秀の重臣・斎藤利三《としみつ》の実兄・石谷頼辰《いしがいよりとき》の義妹が、元親の正室であったことによる（四二～四三頁の略系図参照）。この石谷氏は、幕府奉公衆であり、また美濃土岐氏の庶流であったことから、同族である光秀も頼辰となんらかの面識があったに違いない。

長宗我部元親が結婚したのは、永禄六年（一五六三）といわれる。それ以来、彼と石谷氏との関係は深まった。たとえば、公家・山科言継《やましなときつぐ》の日記『言継卿記』には、永禄九年八月二十七日に、元親の依頼を受けた石谷頼辰が山科家を訪問したことがみえる。さらに元親の子・信親が、頼辰の息女を正室としたことからも、長宗我部・石谷・斎藤三者の関係は、相当に親密であった。

信長が元親と友好関係を結んだのは、阿波や讃岐で抵抗を続ける三好一族や、瀬戸内海の制海権を握る毛利氏に備えるためであった。土佐を統一した元親は、急速に勢力を伸張し、天正九年（一五八一）までに三好一族の所領を除く阿波・讃岐の大半を勢力圏とし、伊予へもたびたび軍兵《ぐんぴょう》を送るようになった。

天正八年十二月に元親は、大坂から本願寺を退去させたことを祝して、信長に名産の伊予鶻《はいたか》を献上しており、この時点まで両者は友好関係にあった。

四国政策の急転

ところが天正九年（一五八一）六月十二日付で、信長から思いがけない内容の朱印状（香宗我部家伝証文）が元親にもたらされた。

その書状で信長は元親に対して、敵対する三好康長の子といわれる式部少輔《しきぶのしょう》（康俊）を援助して、阿波の支配をおこなうようにと伝えたのである。その副状で三好康長は、今後とも若輩である式部少輔をご教導願いたいと元親に依頼している。

康長は、天正三年四月に信長の軍門に降《くだ》ったのちは、河内の支配をまかされていた。天正九年三月には、讃岐に渡り、さらに阿波岩倉城（徳島県美馬《みま》市）に入って、式部少輔を信長に帰属させたのであった。したがって先の朱印状は、信長の四国政策が大転換したことを示すものであった。

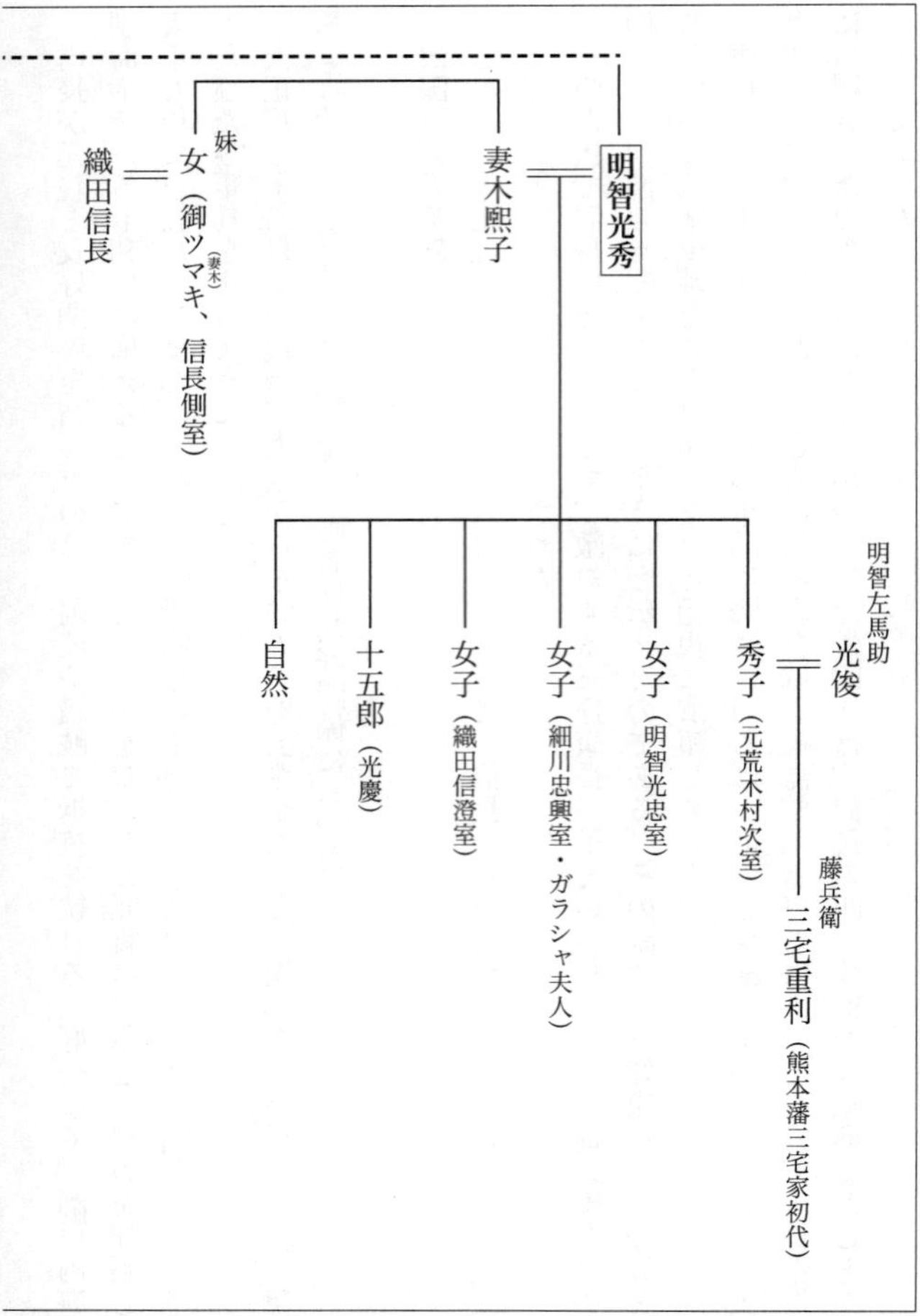

明智光秀
妻木熙子
妹
女（御ツマキ《（妻木）》、信長側室）
織田信長
明智左馬助
光俊
秀子（元荒木村次室）
女子（明智光忠室）
女子（細川忠興室・ガラシャ夫人）
女子（織田信澄室）
十五郎（光慶）
自然
藤兵衛
三宅重利（熊本藩三宅家初代）

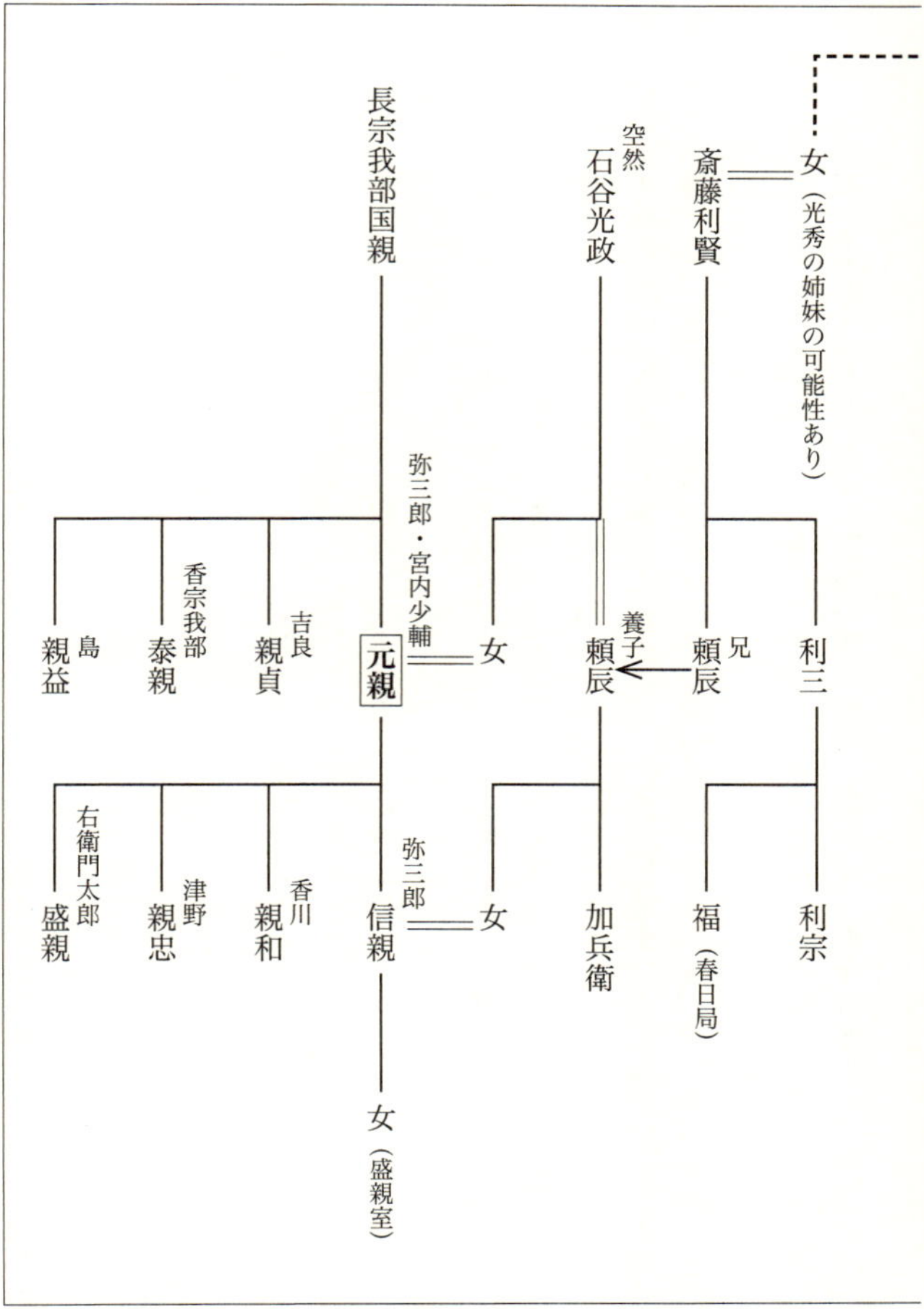

明智氏・斎藤氏・石谷氏・長宗我部氏略系図
（名前・関係の判明する者のみ）

天正三年以来、元親は四国の最大勢力であった三好氏の掃討に取り組んでおり、信長もそれを承認していた。ところが、三好氏の巻き返しにあい、長宗我部氏は苦境に立たされたのである。これが、こののち光秀を苦しい立場に追い込んでゆくことになる。

派閥抗争

四国政策が変更された原因の一つは、信長の重臣間で発生した派閥抗争というべき対立にあった。当時の重臣層は、信長の近習《きんじゅう》（信長の旗本で、馬廻り・小姓などからなる）を手なずけたり、与力大名や外様大名を自派に引き込むことに懸命で、相互に合従連衡《がっしょうれんこう》を繰り返すようになっていた。

天正八年（一五八〇）閏《うるう》三月（当時は太陰暦なので、暦の誤差を調節するために五年に二回程度、一年を十三ヵ月とした。ここでは太陰暦の三月と四月の間に置いた調整用の三月）、信長は正親町天皇の仲介によって大坂本願寺と講和し、懸案だった一向一揆問題を解決すると、織田家の重臣を次々と粛清し始めた。それが、佐久間信盛や林秀貞（通勝）らの追放であった。以後、織田家を支える重臣は、古参の柴田勝家と滝川一益《かずます》、新参の明智光秀と羽柴秀吉という顔ぶれとなった。

先に述べたように天正七年は、光秀の生涯でもっとも輝かしい年であった。彼は丹波・丹後などの所領を支配するとともに、信長の四国政策を担当する外交官として、織田家随一の

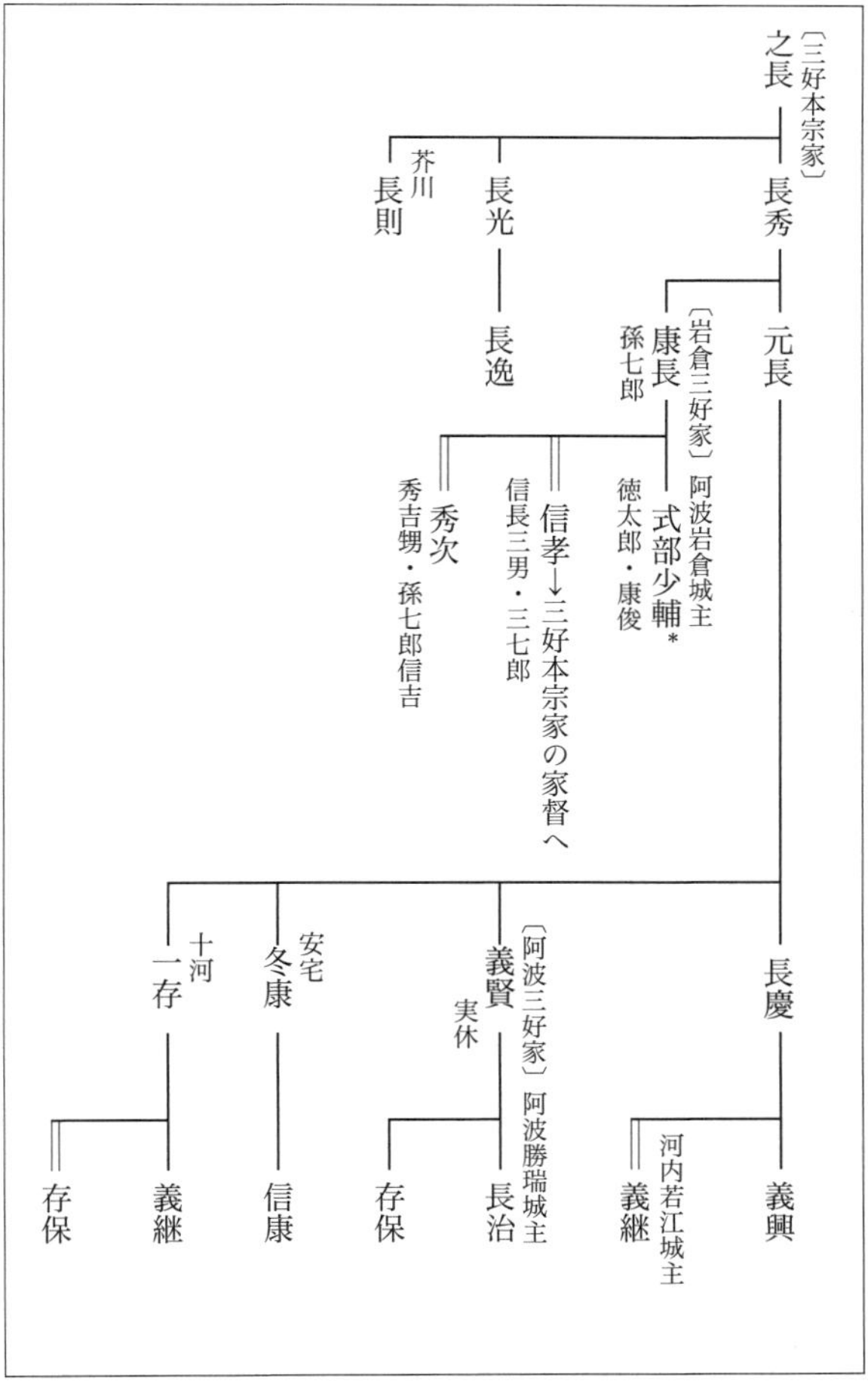

三好氏略系図（本能寺の変直前）

重臣とみなされるようになった。しかしこのような光秀の栄達は、その異才によって急速に力を増した羽柴秀吉のしたたかな政略によって、天正九年には陰りをみせはじめた。

光秀は、信長と長宗我部元親を仲介する外交官だったが、天正八年十一月の段階では、元親と秀吉との関係も悪くはなかった。秀吉は毛利氏が支配する中国攻めを担当していたが、同月二十四日付の秀吉宛書状で元親は、三好氏の残党を掃討して阿波・讃岐を押さえたのちは、中国平定戦に協力することを伝えており、両者が親密な関係にあったことがわかる。

ところが秀吉は、信長が四国政策を変更する天正九年六月までに、甥《おい》の羽柴秀次を三好康長の養子にしたようだ。養子入りの時期は不明だが、「長元物語」(元親家臣立石正賀が万治二年に著す)には、本能寺の変以前のこととする。『黒田家譜』のように、長宗我部氏に対抗するため三好氏から接近したのかもしれない。独自の水軍を持たない秀吉は、毛利氏の村上水軍に対抗するために、三好氏の水軍力が必要だったからであろう。

ライバル秀吉の活躍

ここから秀吉は、康長が切望した阿波を中心とする三好氏の旧領の奪還に加勢し、長宗我部勢力の排除をめざすことになる。そのためにはまず、光秀が手がけていた信長の四国政策を変更させなければならなかった。

おそらく秀吉は信長に巧みに働きかけたのであろう。信長は、長宗我部氏と結ぶそれまでの四国政策を破棄し、三好氏に加勢することを選んだのである。その表れが、先に示した天正九年（一五八一）六月の元親に対する朱印状であった。

さらに信長は秀吉ら摂津・播磨の部将に命じて、同年八月から十一月にかけて、長宗我部氏の勢力下にあった淡路・阿波両国に攻撃を仕掛けた。これによって、淡路と阿波の一部が信長の勢力圏に入ることになった。この年、秀吉はめざましい働きをみせ、因幡《いなば》鳥取城（鳥取市）も落城させた。中国・四国地域の勢力地図は一変したのである。

天正十年二月九日付で、信長は武田氏攻撃に関わる命令書を発したが、それには四国出陣の命令も記されている。信長は、武田氏を滅亡させたのちに、長宗我部氏への掃討戦をおこなうことを決意したのである。織田政権内における四国政策をめぐる派閥抗争が激化してゆくなか、光秀は秀吉に敗北してしまうわけにはいかなかった。

左遷《させん》人事

光秀は、四国攻撃ののちの自らの処遇について、不安を抱いたに違いない。なによりも、外交官として深くかかわった長宗我部氏が敗北することによって、光秀の信長政権内における発言力が決定的に低下することが、容易に想像できたからである。それに追討ちをかけるように彼を悩ませたのが、近い将来の国替《くにがえ》であった。

たとえば、信長は本願寺との講和直後の天正八年（一五八〇）九月に、摂津茨木城主だった中川清秀に、対毛利戦に勝利したときは、その恩賞として中国地域の一、二ヵ国を与えることを約束している。

中国・四国平定戦が終了すると、広大な新領地ができることから、光秀も国替を強制される可能性は高かった。国替がおこなわれた場合、近江国内の所領はもちろん、天正三年以来、光秀が苦労して手に入れた丹波からも離れざるをえない。与力の諸大名も、そのまま預けられはしないだろう。

畿内から離れることは、永禄十一年（一五六八）に上洛して以来、常に信長政権の中枢にあった光秀にとって、活躍の場を取り上げられること、すなわち左遷を意味したのである。

3　織田信長――「国王にして内裏」

「四国国分《くにわけ》案」の意味

天正十年（一五八二）五月七日付で信長は、四国攻撃軍を率いる神戸《かんべ》信孝《のぶたか》（信長の三男）に対して、次のような四国国分案（国分とは、新たな領国へ家臣を配属すること）を伝えた（寺尾菊子氏所蔵文書）。

今度《このたび》四国に至り差し下《くだ》すにつきての条々、

一、讃岐国の儀、一円其方（信孝）に申し付くべき事、
一、阿波国の儀、一円三好山城守（康長）に申し付くべき事、
一、そのほか両国の儀、信長淡州《たんしゅう》（淡路国）出馬の刻に至り、申し出づべきの事、

信長は、ここで讃岐と阿波の国分を示し、伊予・土佐両国の処置については、信長が淡路に出馬した段階で公表すると通達している。つまりこの時点で信長は自ら淡路経由で出陣し、四国攻撃軍を監督しようとしていたのである。

この四国国分案によると、傍線の部分のように、伊勢神戸《かんべ》城主であった信孝を讃岐国主に抜擢することになっていた。前年に、信長が秀吉の求めに応じて四国政策を転換したのは、織田一門を国主クラスの大名に昇格させて畿内周辺の要地に配置するという、すでに信長が抱いていた天下統一後の国家構想とも合致していたからに違いない。

当時、信長が四国攻撃のために動員した和泉国《いずみのくに》大津を本拠地とする水軍・真鍋氏に下した指示によると、四国攻撃は天正十年の六月から八月までの三ヵ月間にわたっておこなう予定であった。もし本能寺の変が起こらなかったら、両者の全面戦争が勃発することは確実だった。その場合、長宗我部氏が滅亡する可能性はきわめて高いといえよう。

四国攻めの決定により苦しい立場におかれた光秀とは対照的に、ライバルの秀吉は信長政権内の地位を固めようとしていた。毛利攻めによって、中国地域に数国の恩賞が与えられる

であろうし、四国地域にも、甥の秀次の養父である三好康長が、信長の国分案によって阿波一国を得ることが約束されていた。

さらには四国攻め直前の時点で、信長の三男・信孝が康長の養子となることも決まっていた。秀吉は、すでに信長の五男・秀勝《ひでかつ》を養子としていたから、秀次と信孝が義兄弟となると、秀吉は信長との関係を一層強固にすることができる。このように、四国攻めののちは光秀に代わって、秀吉が織田家随一の重臣となることは目に見えていた。

この時期になると、光秀には信長の政治手法がはっきり見えていたに違いない。信長に忠誠を尽くしていても、いったん政策が変更されると、長宗我部氏のように早くから信長に従っていた大名でさえ、あっさりと捨てられてしまうのである。

また光秀にとっての丹波のように、何年も苦労して平定し、恩賞として与えられた領地が、いとも簡単に召し上げられてしまうのである。信長からすれば、領地とは預け置く対象だったのだ。

信長の四国攻撃を前にして、光秀は人生最大の危機に直面していた。

重臣の世代交代

天下統一が目前になるとともに、信長を補佐する重臣層に変化が表れた。それは光秀らの方面軍を指揮する老齢の重臣と、信長の子息をはじめとする織田一門や近習との世代交代である。

信長は、畿内を平定する時から、常に岐阜と京都を結ぶ近江の支配を重視した。そのために元亀年間以来、ここには光秀をはじめ羽柴秀吉・柴田勝家・丹羽《にわ》長秀らの重臣が配置され

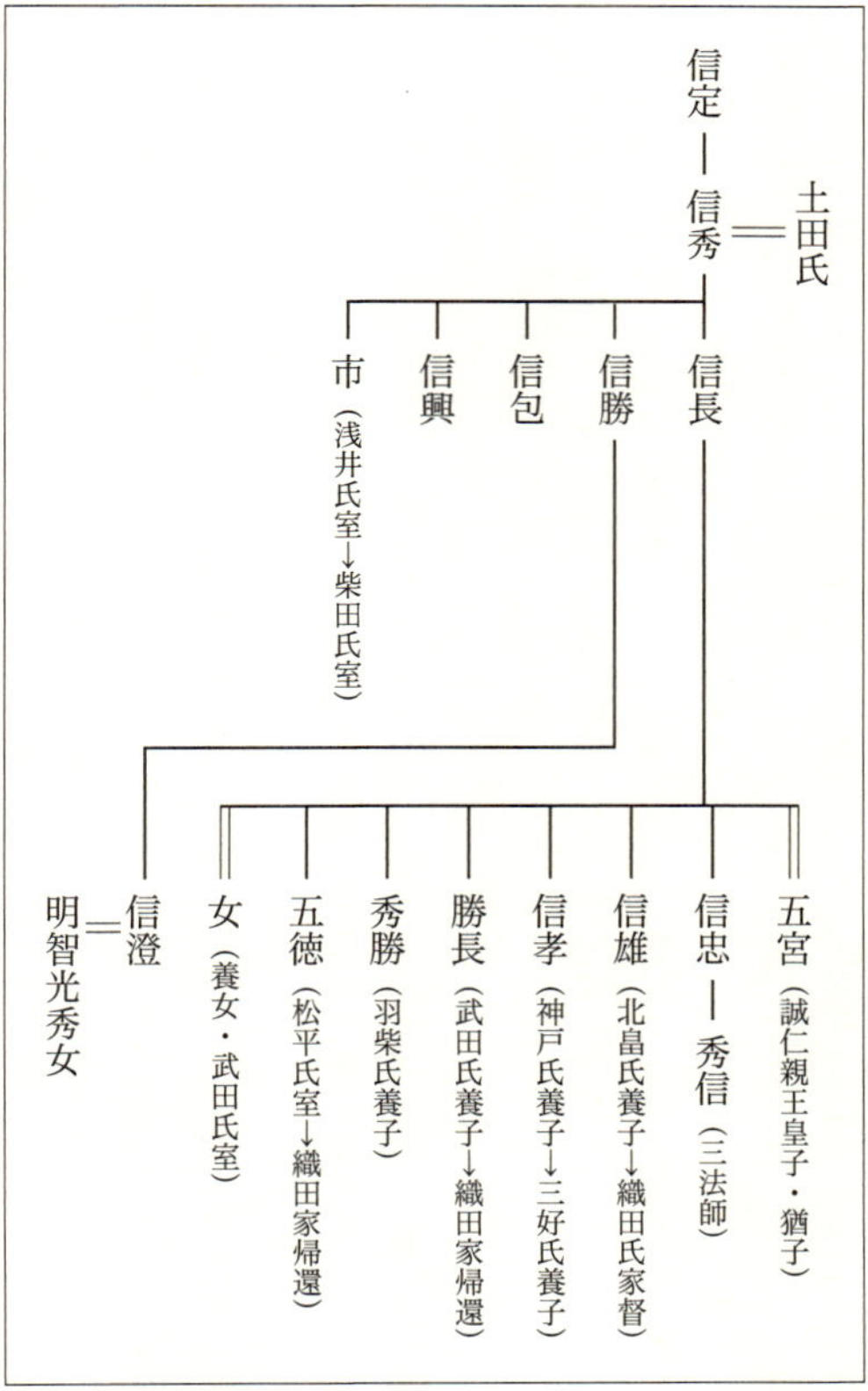

信長時代の織田一門

ていた。

そののち信長が全国的に領土を拡大する過程で、彼らは織田領の境界地域を担当する方面軍司令官として最前線に派遣された。たとえば、北国方面担当の勝家が越前を預けられると、近江にあった勝家の所領が没収された。これについて、谷口克広氏が興味深い指摘をされている（谷口一九九八）。

谷口氏によると、天正九年（一五八一）九月、信長は近習の堀秀政に秀吉の所領である近江長浜を与え、翌年に長浜城と二万五千石の知行地を渡す予定だった。また天正九年十月には、信長が近習の菅谷《すがや》長頼に勝家の所領・越前府中を与えることを約束し、翌年から所務（年貢に関する職権）の受け渡しがおこなわれるはずだった。

これらの事実から、谷口氏は当時の信長には「近国掌握構想」があったと結論された。具体的には、畿内とその周辺地域、近江から西美濃、越前あたりまでを含めた範囲を信長が直接支配し、堀や菅谷などの実力ある青年近習たちを大名に昇格させて、要所に配置するというものである。

この流れからみると、次は光秀の支配地である近江国滋賀郡を誰かに与える予定ではなかったかと谷口氏は推測しておられる。

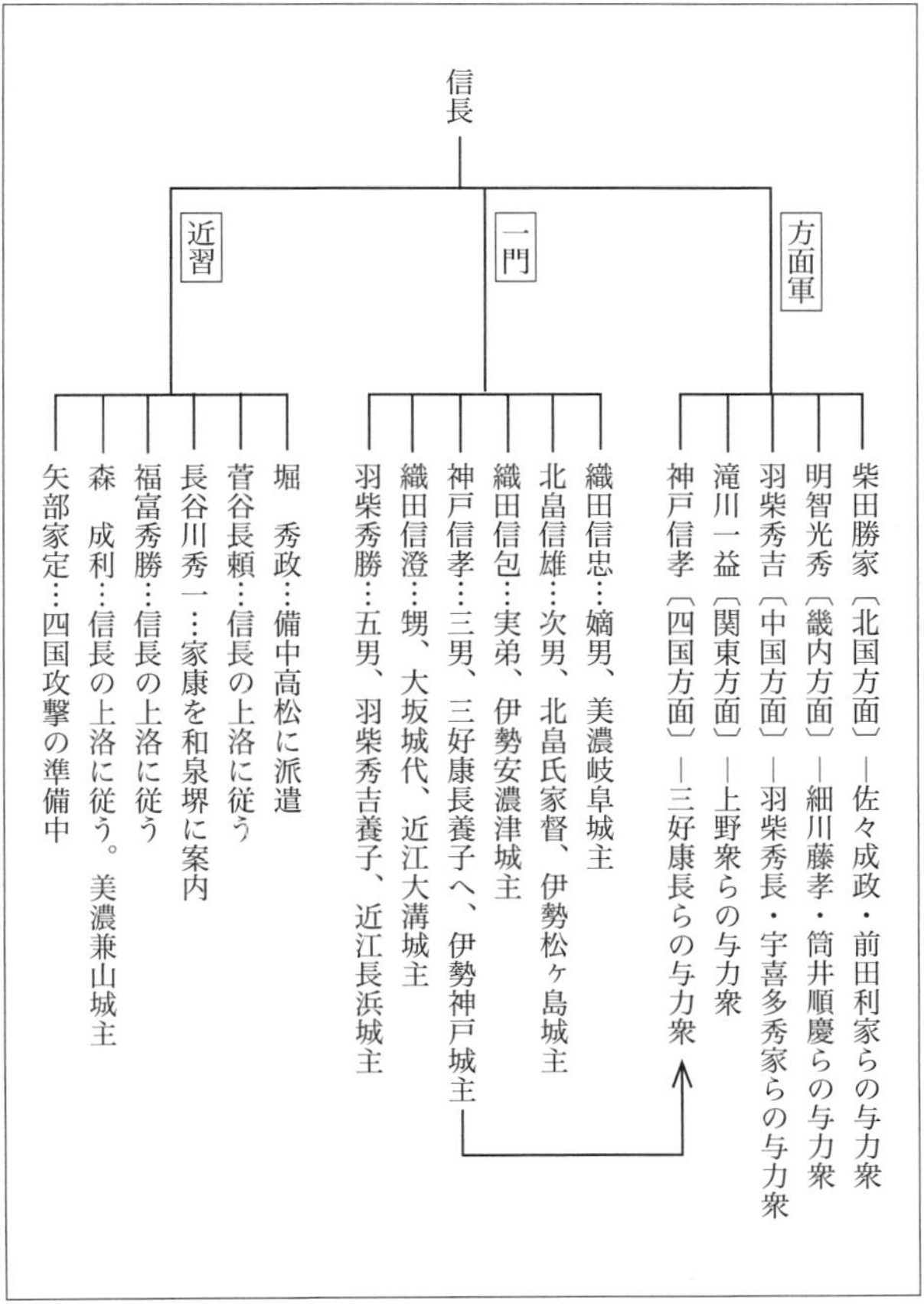

本能寺の変直前の方面軍と主な一門・近習

信長の人事改革

若手の有能な側近を取り立てて近畿地方に配置し、政権の中枢に位置づける。一方、重臣層には国替を強制して、拡大した織田領の最前線を守備させる。これこそが、天下統一後を見据えた信長の人事構想だったのである。これが、光秀ら政権中枢にあった老臣が実質的に退陣すること、すなわち世代交代に直結するのは明白であった。

たとえば、天正十年（一五八二）三月の武田氏滅亡後、信長の老臣で北伊勢を領有していた滝川一益は、関東八ヵ国を統括するために上野《こうずけのくに》国厩橋《うまやばし》（群馬県前橋市）への国替を命ぜられ、しぶしぶ従ったといわれる。もし越後の上杉氏を滅亡させれば、その地へ柴田勝家が国替になったのではあるまいか。

こうしたことから、信長が四国政策を変更したもう一つの理由がみえてくる。この変更は秀吉の働きかけによるものでもあったが、これによって、伊勢神戸城主である信長の子・信孝を、讃岐国主に抜擢したことが重要である。

こうした情況にあっても、秀吉は織田一門や近習たちとよい関係を築いていたが、近畿地方の支配にかかわっていた光秀は、彼らと張り合う関係になった。

この時期になると、光秀ばかりでなく重臣層の多くが、信長の人事改革に対して、少なからず当惑していたに違いない。

信長は、国替を契機に、家臣団に所領を与える伝統的な主従関係を改め、それにかかわって、家臣個人の能力に応じて領地・領民・城郭を預けるという新しい関係を確立しようとした。すなわち功績のあった重臣であろうと、信長の命令一つで自由に国替させようとしたのである。

信長は、天下統一が実現した直後から、大改革を強行しようとしていた。

実力主義の採用

信長は、将軍・足利義昭を追放してしばらくは、義昭の幼い子息を将軍候補として庇護していた。しかし天正三年（一五七五）十一月に従三位《じゆさんみ》権大納言兼右近衛大将となり、従三位権大納言兼征夷大将軍の義昭と比べても遜色のない地位にのぼった信長は、それを機に足利幕府体制を根底から否定して、新たな体制を作り始めたのである。

ここで義昭追放後の信長の主な戦いを見てみよう（五七頁の表参照）。一見したところ、敵対する戦国大名や一向一揆と死闘を演じていたかに思われるが、その実質は義昭が中核となった信長包囲網との一貫した戦いであった。

信長は、義昭の画策する包囲網を撃破するために、自らの家臣団に対して矢継ぎ早に長期遠征と遠隔地での駐屯を命じた。それにはまず、家臣個人の伝統的な価値観を変革することが不可欠であった。

たとえば尾張の武士が、自分の領地を離れ、なんの縁もない遠国に信長から所領を与えられることを喜んだろうか。そんな武士は当時ほとんどいなかったはずである。なぜなら、小さくても父祖伝来の本領に城館を構えて住み、領地を守ることは戦国時代の武士の常識であって、たとえ恩賞として与えられる新しい領地であっても、それは本領の近くであることを望んだに違いない。

彼らが戦うのも自分の本領を守ったり広げたりするためであって、わざわざ見ず知らずの遠方の地に出かけ、そこを「切り取る」ためではなかった。

ところが信長の改革においては、遠隔地への長期派遣や国替を喜んで受け入れ、自らの可能性を試す絶好の好機ととらえる家臣団を育て上げることが必要であった。

そのため信長は新参者の光秀や出自の定かでない秀吉を抜擢するなどして、家臣団に実力主義の重要性を繰り返し示し、これを常識化しようとした。これこそが、信長権力を伊勢湾岸諸国を基盤とする地方政権——環伊勢海政権——から、全国政権へと飛躍させる原動力となったのである。

天下人の自覚

天正八年（一五八〇）は、信長の政権にとって画期となった年である。閏三月には、通算すると十年あまりにわたって敵対していた大坂本願寺と、正親町天皇の仲介で講和を結ぶことができたのである。それを受けて、同年四月に本願寺の宗主・顕如は雑賀衆の協力を得

年	月	対戦相手	戦争理由
天正1（1573年）	8	越前・朝倉義景に勝利	信長包囲網形成
	8	近江・浅井長政に勝利	信長包囲網形成
	11	河内・三好義継に勝利	義昭をかくまう
同　2	9	長島一向一揆を平定	信長包囲網形成
同　3	5	長篠の戦いで武田勝頼に勝利	信長包囲網形成
	8	越前一向一揆を平定	信長包囲網形成
同　4	4	大坂本願寺を攻撃	信長包囲網形成
	7	木津川口の戦いで毛利水軍に敗北	信長包囲網形成
	11	伊勢・北畠具教を謀殺	義昭と連携
同　5	2	紀伊・雑賀を攻撃	信長包囲網形成
	10	大和・松永久秀に勝利	義昭と連携
同　6	10	摂津・荒木村重の反乱	義昭と連携
	11	木津川口の戦いで毛利水軍に勝利	信長包囲網形成
同　8	1	播磨・別所長治に勝利	信長包囲網形成
	③	大坂本願寺の顕如と和睦	信長包囲網形成
	11	加賀一向一揆を平定	信長包囲網形成
同　9	9	伊賀惣国一揆を平定	信長包囲網形成
	10	因幡・吉川経家に勝利	信長包囲網形成
同　10	3	甲斐・武田勝頼に勝利	信長包囲網形成

信長の主な戦争（義昭の京都追放以降の天正年間。○は閏月を示す）

て、紀伊雑賀（ほぼ現在の和歌山市域）の鷺森《さぎのもり》本願寺へと下っていった。子息の教如《きょうにょ》はその後も信長に抵抗するが、彼も同年八月に大坂を退去した。

ここに単独で信長に対抗しうる勢力は、すべて消滅したのであった。この段階から、信長の統一事業は新たな局面を迎えることになった。これに関して注目したいのが、同年八月十二日付で信長が発令した九州停戦令にある次の一節である（島津家文書）。

来年芸州《げいしゅう》において出馬すべ

く候、その刻《きざみ》、別して御入魂《ごじっこん》、天下に対する大忠たるべく候

この命令書で信長は、島津氏に対して、本願寺との講和による畿内平定を受けて、来年（天正九年）には毛利氏を攻撃するので、大友氏との戦いを中止し、双方が和睦するように命じた。そして信長は、島津氏が毛利攻撃に積極的に協力することは「天下に対する大忠」であるとしたのである。

従来、このような戦国大名間の紛争を停止させ、その軍勢を動員する権限は、将軍大権に属していた。信長は、依然として義昭と結ぶ島津氏に対して、将軍権力を超越した「天下」への服従を求めたのである。

天正九年になると、安土城を訪れた宣教師ルイス・フロイスは、信長が自らを「国王であり内裏《だいり》（天皇）である」と語ったと記している。将軍と天皇の権限を統合した存在として、自らを位置づけたのであり、信長の天下人としての自覚の表れであった。

中世の否定をめざす

信長のめざす国家は、もはや復古的なものではなかった。天正八年（一五八〇）以降、信長は服属した大名と有力領主（国人）や村落を支配する土豪らの領地を収公（剝奪）することを開始した。その中核となった政策が、仕置とよばれる彼らの城館の取り壊し（城割《しろわり》）と

領地の検地（この段階では自己申告の指出検地《さしだし》）である。

たとえば大和では、天正八年に一国規模の城割と検地がおこなわれた。城割の結果、大和各地に根を張る国人や土豪層は、自らの城館を失った。国主大名である筒井氏は筒井城から郡山城（ともに奈良県大和郡山市）に移住させられ城郭を預けられ、一部の有力国人は信長の指示によって残された。

一方、検地によって、家臣団の所領は石高《こくだか》に換算して掌握できることになった。丹波では、明智光秀が知行高《ちぎょうだか》百石につき六人という軍勢を動員するという基準を定め、家臣団に対して出陣を命じたのである。

また和泉《いずみ》では、検地ののち、国人の領地が分散していることがわかった場合は、それを没収し、同等の石高をもつ領地を別の場所にまとめて与えている。

中世では武士の領地は交換できなかったが、検地による石高表示すなわち数値化によって、それがはじめて可能になったのである。これは革命的なことであった。

大名級の家臣団に対する本領の収公・預け置きと直臣《じきしん》団の安土城下町への強制的移住は、信長権力に質的な転換をもたらした。これによって軍事に専念する職業軍人と、その後方を支える専業農民との分離、すなわち兵農分離が実現し、他の戦国大名の追随を許さぬ強力な常備軍が誕生するのである。

天下人の命令を受けて、本領から遠く離れた領国を預かり、国替（転封《てんぽう》）を繰り返すいわゆる「鉢植大名《はちうえ》」の誕生は、新国家を樹立するために必要不可欠だった。信長は、天下統一を受けてそれを一斉におこなう予定であった。

この信長の構想による改革は、本能寺の変によって中断するが、秀吉によって実現することになる。秀吉は、天正十三年閏八月、信長の最大版図を上回る豊臣領を確定すると、ただちに全領規模の国替をおこなったが、この国替に際して、農民の移動は禁止した。

こうしてみると、のちに秀吉が全国規模で推し進めた改革とは、基本的に信長のそれを踏襲したものであった。そして重要なのは、信長が新しく作ろうとしている国家は、足利幕府体制や戦国大名の支配体制を継承するものでなく、それを根底から否定したものであったことである。実態はともかく、理念として中世を否定しようとしたことを評価するべきだ。

4　政変への道

家康の臣従

天正十年（一五八二）二月、信長は甲斐の武田攻めを開始した。駿河口に徳川家康、関東口に北条氏政、飛騨口に金森長近という攻撃配置を定め、信長自らは伊那口から進攻するという入念な作戦をとった。しかしこの遠征は、さほどの抵抗を受けずに進み、信長が甲斐に入国する以前の三月十一日に天目山《てんもくざん》（山梨県甲州市）で武田勝頼は自殺し、武田氏は滅びた。

家康は信長の同盟者であったが、武田氏攻撃の恩賞として駿河一国を与えられると、信長との間に主従関係が成立することになった。すると家康の家臣は信長を、将軍相当の貴人の呼称である「上様《うえさま》」と呼ぶようになった。

家康の一族で東条松平氏の当主・松平家忠の日記『家忠日記』には、天正十年三月十七日に「上様信濃諏訪までお着きにて、家康お越し候」とある。家康に対しては呼び捨てであるにもかかわらず、信長に対しては、それまでの「信長様」から「上様」へと変化している。明らかに、家康の家臣は信長と家康の主従関係を意識するようになった。

ちなみに、家忠が家康を「殿様」と呼ぶようになるのは、家康が秀吉に臣従した直後の天正十四年十一月からである。

信長の同盟者であった家康は、織田家臣団のなかの国主大名になったのであるが、その直後から家康の家臣は、信長を主君のように表現するようになるのである。

光秀が「言葉を返した」理由はなにか？

信長の武田攻めは、実質的に天正十年（一五八二）三月に終了し、家康は信長から武田勝頼の旧領・駿河一国を与えられた。その礼を述べるために家康が安土城に着いたのは、同年五月十五日のことであった。

安土城で家康の供応役を任されたのが光秀である。通説では、この供応をめぐって光秀と信長の間に争いがあり、叱責した信長を光秀が恨み、それが本能寺の変につながったとされている。

宣教師ルイス・フロイスの『日本史』（中央公論社、以下同じ）には、

　これらの催し事の準備について、信長はある密室において明智と語っていたが、元来、逆上しやすく、自らの命令に対して反対（意見）を言われることに堪えられない性質であったので、人々が語るところによれば、彼の好みに合わぬ要件で、明智が言葉を返すと、信長は立ち上がり、怒りをこめ、一度か二度、明智を足蹴にしたということである。

と記されている。

では、光秀が信長に「言葉を返した」理由は何であろうか。光秀は式典儀礼に通じた外交官でもあったから、通説のように供応内容に落ち度があったとは思われない。

筆者は、この理由はむしろ政治的なもので、信長が光秀に明かした家康の処遇方法と関係することだったとみている。これを具体的に示す史料はないが、すでに信長が明らかにしている改革方針からすれば、近い将来における家康の本領からの国替のような厳しいものであり、当時、近江・丹波から国替の恐れがあった光秀にとっては他人事とは思えず、信長に反

対意見を述べたのではなかろうか。

なお、光秀が四国政策の変更を願い出たことによるトラブルとする見方もあるが、四国出陣は既定方針であり、先遣隊も出動している段階であったから、この時点で光秀が四国問題を持ち出すことはなかったはずである。

信長ではなく家康を？

注目したいのは、光秀配下の武士の覚書「本城惣右衛門覚書《ほんじょうそうえもんおぼえがき》」の中の本能寺襲撃に関する記載や、フロイス『日本史』にみえる、変の直後に本能寺に出向いた宣教師がもたらした情報である。

「本城惣右衛門覚書」には次の記載がある。

あけち《（明智）》むほん《（謀反）》いたし、のぶなが《（信長）》さまニはら《（腹）》め《（召）》させ申し候時、ほんのふ《（本能）》寺へ我等よりさき《（先）》へはい入り申候などゝいふ人候ハヾ、それハみ《（皆）》なうそ《（嘘）》にて候ハんと存じ候、そのゆへ《（故）》ハ、のぶながさまニはらさせ申す事ハ、ゆめ《（夢）》ともしり《（知）》申さず候、その折ふし、たいこさま《（太閤様）》びつちう《（備中）》ニ、てるもと《（輝元）》殿御とりあい《（取合）》ニて御入り候、それへ、すけ《（助）》ニ、あけちこ《（越）》し申し候由申し候、山さき《（崎）》のかた《（方）》へとこゝろざ《（志）》し候へバ、おもひ《（思）》のほか、京へと申し候、我等ハその折ふし、いへやす《（家康）》さま御じやうらく《（上洛）》にて候まゝ、いゑやす《（家康）》さまとばかり存し候寛永十七年（一六四〇）に自ら八十歳とも九十歳とも言う丹波出身の老武士が、若い頃の体験を武勇談を交えて記したのが「本城惣右衛門覚書」である。

この本能寺の変を体験した人物の証言で注目したいのは、惣右衛門クラスの光秀家臣は、攻撃対象が誰なのか最後まで知らされなかったことである。機密漏洩と家臣団の動揺を防ぐためであったろうが、光秀に率いられた兵士たちは、家康を狙う作戦と考えて、本能寺を襲ったのである。

この本城惣右衛門の記載と似ているのが、フロイス『日本史』の本能寺の変に関する部分である。そこには、

兵士たちはかような動きがいったい何のためであるか訝《いぶ》かり始め、おそらく明智は信長の命に基づいて、その義弟である三河の国主（家康）を殺すつもりであろうと考えた。

とある。

このように両史料ともに、本能寺に乱入した明智方の兵士が、攻撃対象は家康だと思っていたことを記している。これは当時の織田軍団に属する人々が、信長と家康との関係をどのようにみていたのかを示している。

信長と家康の関係

武田氏攻撃の時点まで、家康は信長の同盟者であり、主君と家臣の関係ではなかった。しかし信長はたびたび、家康にとっては苦しい命令を下し、その履行を迫っている。それは、同盟者に対する態度とは言いがたいものであった。

たとえば、天正三年（一五七五）十二月に信長は、家康にとって外伯父にあたる水野信元とその子・信政を、武田方に内通したとして切腹させ、天正七年には、家康の正室・築山殿《つきやま》と嫡男・信康が武田氏に通じたという嫌疑をかけて、家康に殺害させた（信康とその正室・徳姫［信長の息女］との不仲が、事件の発端とみる見方もある）。

武田氏滅亡後、信長は駿河を与えて家康と主従関係を結んだが、東国経営は嫡男・信忠と重臣・滝川一益に任せた。すでに河尻秀隆《かわじりひでたか》・森長可《ながよし》・毛利長秀などの信忠家臣団は、甲斐や信濃に配置され、東国さらには奥羽にもにらみをきかせていた。

美濃・尾張の二国を領有し、岐阜城にいる信忠は、近い将来に家臣団を監督する新たな拠点に移る必要があったのではなかろうか。岐阜在城のままでは、あまりに遠すぎて不便である。しかし駿河・遠江《とおとうみ》・三河という要地を家康が握っているために、信忠の転封先がみあたらない。今や臣下となった家康に、信長が国替を迫ることは十分に有り得ることであった。

昨日の味方が今日の敵となる荒々しい戦乱の時代である。家康に対する信長のそれまでの態度を見聞きしていた織田軍団に属する人々が、家康を襲うことに違和感をもたなかったのは、それほど不思議なことではなかったのである。

天正十年五月十七日、備中高松城を攻撃中の羽柴秀吉から援軍要請の報がもたらされ、急遽、光秀は供応役を免ぜられ、秀吉の援軍として中国出陣を申し渡された。このままでは、家康と同様に自らの将来が危ないと判断した光秀は、ついにクーデターを決意するのである。

密使派遣

光秀は、すぐれた文武の才覚と幸運、そして義昭・信長の引き立てによって、権謀術数の渦巻く戦乱の時代を、牢人から国主級の大名まで進んだ優秀な政治家であった。そのような人間が、なんの政治的・軍事的展望もなしに、衝動的にクーデターを起こすだろうか。信長を倒したあとの政権像を、あらかじめ光秀は思い描き、その準備をしていたと考えるのが、むしろ自然である。

光秀が信長を葬って新政権を樹立するには、当然のことながら反信長勢力と結ぶ必要があった。それは、反信長勢力の中心であった将軍・足利義昭と彼を奉じる中国の毛利氏、そして信長との決戦を目前に控えた戦国大名たち、すなわち土佐の長宗我部氏と越後の上杉氏であった。本能寺の変の前から光秀が、これらと接触をもっていたことが史料から読みとれる。

その一つが、上杉景勝《かげかつ》への密使である。本能寺の変が起こったのは天正十年（一五八二）六月二日の未明であるが、光秀が派遣した密使は、それより前に、上杉方の越中における重要拠点である魚津城《うおづ》（富山県魚津市）に到着していた。それを示すのが、六月三日付で上杉氏の老臣・河隅忠清が景勝の側近・直江《なおえ》兼続《かねつぐ》にあてた書状である。

この書状が収録されている『覚上公御書集《かくじょうこうごしょしゅう》』（東京大学文学部蔵）は、天明年間（一七八一～八九）に米沢藩士・平田範隅《のりすみ》（大小姓番頭）が、覚上公すなわち上杉景勝に関係する史料を筆写・編纂して完成させたものとされている。

天正六年正月から慶長六年（一六〇一）十月までの重要史料が、綱文《こうぶん》（史料の要約）を交えながら編年体で書写・配列されており、上杉家当主と一部の家臣以外の他見を意識していない内部史料であった。

以下に示すのが『覚上公御書集』に記された河隅忠清の直江兼続に宛てた書状である。

〔綱文〕

一、同年六月について、直江兼続信州表御出陳《（陣）》により、河隅忠清書簡を呈して明智光秀越中表に申し送る由これを伺ふ也、

〔史料〕

先日は御書下され候、頂戴奉り候、よってその御表いよいよ諸口思し召され御儘の由、目出至極に存じ奉り候、（中略）一昨日（六月一日）、須田相模守方より召仕の者罷り越し、才覚申す分は、明智の所より魚津訖（迄）使者指し越し、御当方無二の御馳走申し上ぐべき由申し来り候と承り候、実儀候はゞ、定めて須田方より直に使を上げ申さるべく候、将又推参し至極申す事御座候へども、そこ元の儀大方御仕置仰せ付けられ候ハヾ、早速御馬を納められ、能・越（能登・越中）両州御仕置これを成され御尤もの由存じ奉り候、この旨よろしく御披露に預かるべく候、恐惶謹言、

河隅越中守

忠清

（追而書略）

（天正十年）六月三日

直江与六（兼続）殿

この傍線部を現代語訳すると次のようになる。

六月一日に、須田相模守（満親《みつちか》）の奉公人が、越中魚津から私（越後春日山城の河隅忠清）のもとに遣わされました。その者が才覚をめぐらせて言うには、「明智光秀方の使者が

魚津まで派遣され、『上杉家が、わが陣営に対して最大限のご奔走を申し上げるべきである』とのことを申してきた」と私は承りました。真実でありましたなら、必ず満親から直接使者が派遣されるでありましょう。あるいはまたこちらから出向いて、ぜひとも申したいことがございますが、そちらでの仕置きを大方命ぜられたならば、早速ご帰陣なされ、能登・越中両国の仕置きをなさるのがもっともであると存じ上げます。

実は『覚上公御書集』に先行して成立した『歴代古案』にも、花押まで写した同文の史料が収録されている。ところが、それは日付を欠き宛所が消滅して見えない。よって、日付については慎重な検討を要するが、少なくとも光秀が本能寺の変を決行する以前に、上杉氏に提携を求めたことは否定できない。

魚津落城の真相

光秀の密使が魚津に着く前の天正十年（一五八二）五月、上杉氏は存亡の機に直面していた。越中・信濃・関東方面から織田軍の攻撃を、北からは越後国内で反乱を起こした新発田《しばた》重家《しげいえ》の攻撃を受けていたからである。

いわば四面楚歌《しめんそか》という状況にあった上杉景勝は、織田軍との最前線にあった越中の魚津城と松倉城（ともに富山県魚津市）を守るために、本隊を率いて五月十五日には両城の中間に位置する天神山城（魚津市）に到着していた。

しかし森長可の率いる織田軍が、北信濃路を経て上杉家の本城である春日山城をめざして進軍中との報せを受けた景勝は、五月二十六日には天神山城を出て、ただちに信濃方面に向かった。

越中・越後の国境地帯には、親不知《おやしらず》の難所や越中宮崎城（堺城、富山県朝日町）、越後糸《いと》魚川《いがわ》城（新潟県糸魚川市）などがあるが、信濃と越後の国境地帯を織田軍に突破されたら、春日山城までは有効な防衛拠点が何もなかったからである。

織田軍にいた前田利家《としいえ》の五月二十七日付の書状には、「昨日廿六（二十六日）松倉（城）明け退き、同夜子刻《ねのこく》（午前零時ごろ）喜平次（上杉景勝）退散し候」と記されている。先に示した河隅忠清の書状にある直江兼続は景勝の側近であったので、彼も五月二十六日深夜には景勝とともに信濃方面に向かったのである。

ただし景勝は、魚津・松倉両城の将兵を見捨てて退却したのではない。先に示した前田利家の書状にあるように、松倉城では五月二十六日に城兵の撤退がおこなわれ、これを確認した景勝は、織田軍に追撃されることなく、同日夜に軍を引いたのである。

これ以前に景勝は、魚津・松倉両城を守る将兵を無事に越後に帰還させるために、織田軍の司令官・柴田勝家と一時的に和議を結んだとみられる。勝家としても、天険をたのむ松倉城を力攻めしたり、上杉軍の本隊と戦うことは控えたかったのであろう。

しかし魚津城は、景勝が撤退した三日後の五月二十九日から織田軍の猛攻を受け、壮烈な戦いの末、六月三日に落城した。この魚津落城については、城の将兵が景勝を無事退却させるためのいわば「捨て石」になったとする見方が昔から一般的である。

しかし、落城直後に書かれた六月五日付の佐々成政《さっさなりまさ》の書状には、次郎右衛門という人物が、無事に開城がおこなわれることを保証する織田方の人質として魚津城内に入った。その直後に、信長から城内の者を討ち果たすようにとの命令が届いたため、次郎右衛門が観念して切腹した結果、六月三日卯刻《うのこく》（午前六時ごろ）に成政らの織田軍が城中に突入し、大将分十三人をはじめとして一人も残さず討ち果たし落城した、との内容が記されている。

中世の越後・佐渡両国に関係する基本史料集『越佐史料』に収録された「関屋政春古兵談」「管窺武鑑」などにも、越後将兵の魚津城における全滅については、織田方のだまし討ちというべき強行策による悲劇であったことが記されている。

これらの史料から推理すると、先に述べた光秀の密使が、包囲された魚津城に入ることができた時期がわかる。五月二十六日までに和議が成立し、松倉城は織田軍に明け渡された。残る魚津城で戦闘が再開したのは五月二十九日である。和議により、いったん織田軍の囲みがゆるんだ五月二十七日か二十八日に、密使が城内に紛れ込み、光秀のクーデター計画に関する情報を伝えたのであろう。

上杉方越中軍の司令官・須田満親は、上杉景勝の撤退を見送り、和議を見届ける役目を果たしていたが、この重大情報を得ると、魚津城からただちに春日山城にいた河隅忠清に使者を送ったのであろう。その使者が六月一日に急報をもたらし、それが忠清から直江兼続への六月三日付の書状になったと推測される。

謀反には準備が必要

光秀が上杉方に望んだのは、越後へ進軍していた織田軍（柴田勝家らの北国方面軍）を、クーデター直後に釘付けにし、上方への帰還を阻止することであった。それは先に示した河隅忠清の書状にある、上杉景勝がそちらでの仕置きを命じたうえで早速帰陣し、能登・越中両国の仕置きをするのがもっともである、との意見からもうかがわれる。

それでは、光秀が密使を出立させたのはいつであろうか。密使が魚津城に入ったのは五月二十七日か二十八日と推測されるから、上方から魚津への約五百キロメートルにもおよぶ道のりと所要時間、さらに魚津での上杉方と接触する時間を考えると、光秀が家康の供応役を罷免された五月十七日からほど遠からぬ時期となる。

おそらくは光秀は、安土から近江坂本城に戻った直後に密使を出立させたのではあるまいか。この当時、備後国鞆の浦にいた義昭との緊密な連絡が必要なことから、六月二日未明に起こる本能寺の変の計画は、五月十七日以前から練られていたことになる。

こうしたことから、本能寺の変は従来いわれているような、光秀単独の発作的な行動によるものとは、決してみることができないのである。

須田満親に密使を送ったのはなぜか？

光秀が密使を送った相手は、上杉方越中軍の司令官・須田満親であった。なぜ、須田満親だったのだろうか。

満親の一族は、信濃国高井郡須田郷（長野県須坂市）を本拠としていたが、武田信玄の侵攻を受けたため、上杉謙信を頼って越後に逃れた。その後、満親は上杉景勝に重用され、天正九年（一五八一）に亡くなった越中松倉城の河田長親にかわって、松倉城と上杉方越中軍の指揮を任された。

天正十年の三月から四月にかけて満親は、天正八年に信長によって大坂から追われ、越中五箇山《ごかやま》（富山県南砺《なんと》市）に潜んでいた本願寺の教如（顕如の子息）や当地の一向宗の門徒と結んで、越中に侵攻した柴田勝家らの織田軍と戦った。

須田満親と本願寺には、浅からぬ関係があったのである。春日山城に近い教如派の寺院・本誓寺《ほんせいじ》（新潟県上越市）に伝わる史料のなかに、本能寺の変から二ヵ月半後の天正十年八月二十日付で本願寺宗主の顕如が満親に宛てた書状が残っている。

そのなかで顕如は、「越中の門徒衆につきましては、引き続きよろしくお取り成しいただきますならば本望です」と、満親の影響力に期待を寄せているのである。

また天正十年十一月二十一日付の御内書で、足利義昭は直接、満親に対して帰洛のために奔走するように命じている。以前から密接な関係がなければ、将軍義昭がそのようなことをするだろうか。

満親の前任者であった松倉城の河田長親は、義昭に贈り物を届けたり、義昭からは使者が来たりと懇意な間柄だった。これと同様に、満親も義昭と親密な関係をもっていたに違いない。

このように、須田満親は上杉氏の家中において義昭および本願寺という、反信長勢力と密接な関係をもつ代表的な人物であった。光秀が密使を満親へ送ったこと、満親がもたらした情報を春日山城の上杉方が信用したのは、それなりの理由があったのである。

教如の「諸国秘回《しょこくひかい》」

須田満親と越中の一向宗門徒を仲介したのは教如である。本願寺の宗主・顕如の子息で、反信長派として知られた彼が、なぜはるばると越中五箇山に来たのであろうか。

教如は、顕如が天正八年（一五八〇）閏三月に信長と講和して紀伊国雑賀に退去したのちも、大坂にとどまったが、同年八月、大坂本願寺に火を放ち、顕如のいる雑賀へ逃れた。この敵対的な行動を、信長は見逃さなかった。

ただちに信長は、教如の弟（顕尊）を支持することによって、雑賀にいる教如とその一派の動きを封じてしまった。さらに悪いことに教如は、政治路線をめぐって父の顕如と対立し、破門されてしまう。

このために進退きわまった教如は、天正八年末に、わずかの側近とともに雑賀を抜け出し、いわゆる「諸国秘回」——信長に対する決起を門徒衆に訴える旅——に出たのである。

教如は、まず甲斐へ向かった。この地の門徒衆を決起させて信長の武田氏攻撃を牽制しようとしたが、武田氏の敗色が濃くなると、教如は北国方面に向かった。そこでは、柴田勝家の率いる織田軍が上杉景勝を攻撃しようとしていたのである。

景勝の要請を受けた教如は、飛騨から越前を経て越中に入ると五箇山を拠点にして、先に述べた須田満親の上杉軍と連携し、越中だけでなく加賀や北信濃の一向一揆を蜂起させて、織田軍を攪乱《かくらん》したのであった。

教如の越中入りにあわせて景勝も天正十年四月八日に、かねての手はず通り、加賀・能登・越中三ヵ国の一揆勢に対して蜂起するように命じ、さらに五月二日には、先述の越後の本誓寺に対して、越中に景勝が出陣するので、越後国内の「諸坊主ども」を集めて協力するよう依頼している。

こうしたことから、教如の諸国秘回は自派の門徒衆のためというよりも、むしろ足利義昭と結んで信長包囲網を維持するためであったことがうかがえるのである。教如は、信長と大坂本願寺が争った石山合戦以来、一貫して義昭を本願寺の外護者《げご》と位置づけていたからである。しかしこの時点で教如は越中を去り、鷺森本願寺に戻った。

本願寺の右筆《ゆうひつ》（書記役）だった宇野主水《もんど》の日記に、本能寺の変の二日後の六月四日には、早くも長宗我部元親の使者が書状を携えて、鷺森本願寺に到着していたことが記されている。

本能寺の変を伝える急報が、土佐岡豊《おこう》城（高知県南国市）にいた元親に伝わり、即座に使者を派遣したとしても、六月四日に本願寺に到達するのはとうてい無理である。元親にはクーデター計画をあらかじめ知らされていたのかもしれない。

このような状況のもと、政治路線をめぐって対立していた顕如・教如父子が、正親町天皇の仲介によって急遽和解した。それを受けて本願寺は、光秀に対して六月十一日に正式の使者を派遣した。しかし六月十三日に山崎の戦いがあり、光秀が敗退したことから、この使者は帰還している。

第二章　画策する足利義昭

1　「西国公方《さいごくくぼう》」義昭

備後国鞆《とも》の浦《うら》

天正八年（一五八〇）には、備後国鞆の浦（広島県福山市）にあった義昭の処遇について、信長は「西国の公方になられるべきである」と表明していた。「西国の公方」とは、中国・四国・九州地域を支配する将軍という意味であろう。現実家でもあった信長は、政治の実権こそ大事であって、肩書きにはこだわらなかったのである。

義昭が約十一年間にわたって拠点とした鞆の浦は、瀬戸内海に向かって突き出した沼隈《ぬまくま》半島の南端にある小さな入り江で、その奥まった一角に波静かな良港があり、古くから港町があった。

天正三年の末、畿内の戦局が悪化したため、義昭は毛利氏の領国である鞆の浦へ移ることにした。かつて十代将軍・足利義植《よしたね》は、管領《かんれい》・細川政元に将軍職を追われて周防《すおう》山口の大内義興《よしおき》のもとへ逃れたが、やがて義興を伴って帰洛し、将軍に返り咲いた。これにならって義昭も、毛利氏の援助によって捲土重来《けんどちょうらい》を期したと考えられる。

義昭が鞆の浦を選んだ理由はなんだったのだろうか。

第一は、鞆の浦が足利家にとって由緒ある場所だったからであろう。義昭が当初入った小松寺は、かつて再起をかけて京へ攻め上った足利尊氏《たかうじ》が兵を休めた寺であった。義昭は、間違いなくこのことを意識していたであろう。なお義稙も、山口から帰洛する際に、鞆の浦に立ち寄っている。

次に、熊野三山（本宮・新宮・那智社）との関係があったと思われる。第一章で述べたように、義昭は紀伊由良の興国寺に逗留した直後に、熊野勢力と接触をもっている。

たとえば、熊野本宮大社の所蔵文書や熊野那智大社の「米良文書《めらもんじょ》」のなかに、天正二年二月六日付で義昭が熊野本宮と那智社に協力を要請した御内書がある。長谷川博史氏が指摘されたように、義昭は鞆の浦一帯が那智山御師《おし》の壇所《だんしょ》（地方の拠点）であったことに目をつけ、熊野水軍の力を借りて、由良から鞆の浦に移動したのではなかろうか。

第三の理由として、鞆の浦には、毛利氏の使僧・安国寺恵瓊《えけい》のいる備後安国寺があり、毛利輝元の叔父・小早川隆景（毛利元就の三男）の本拠地（備後国三原）も至近距離にあったからであろう。また、鞆の浦は、中国地域の毛利領はもとより九州地域や対岸の四国に渡るには便利な場所で、西国支配にはうってつけだった。

「鞆公方」の御所

義昭は小松寺に滞在した後、鞆の浦とその周辺に複数の御所をもった。

当時、「鞆公方」とよばれた義昭の御所は、現在の鞆城址の一角にあった。城跡に残る「申明亭《しんめいてい》」とよばれる場所には枯山水の庭園があり、御所の庭だったといわれている。また御所のあった場所のごく近くに、鞆の浦を守る村上水軍の大可島《たいがしま》城があった。当時の城主・村上亮康《すけやす》が、義昭一行の警護にあたったのであろう。

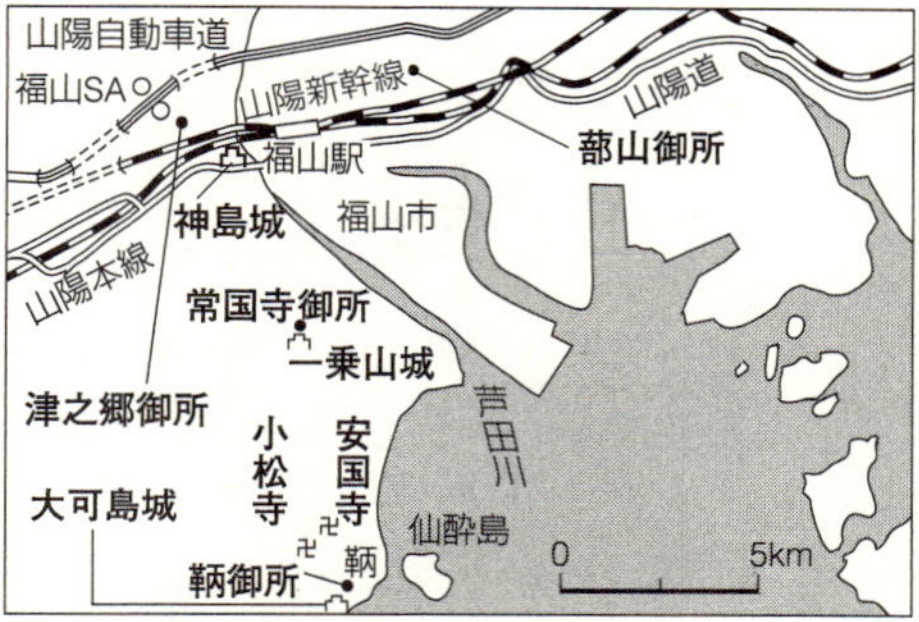

「鞆幕府」関係略図

また、鞆の浦から約四キロ北には、義昭を援助した地元勢力の一つ、一乗山《いちじょうさん》城城主・渡辺氏の菩提寺であった常国寺（福山市熊野町）があり、ここも義昭の御所として提供された。現在も常国寺には、「先年、公方様が常国寺にいらっしゃった」と記した義昭の側近・真《ま》木《き》島昭《しまあき》光《みつ》の書状のほか、義昭が渡辺氏に与えたとされる胴肩衣《どうかたぎぬ》など遺品の数々が残っている。

義昭は、常国寺から北に八キロの津之郷（福山市津之郷町）に御所をもち、その守備のため東方の神島城（福山市神島町）に真木島昭光を配した。このほかに蔀山《しとみやま》（福山市西深津町）にも御所をもったといわれている。

このように、義昭は鞆の浦近辺に四ヵ所ほどの御所をもったと推測されるが、信長軍の中国侵攻によって戦況が悪化するとともに、港のある鞆の浦から山間部の常国寺へ移り、さらに津之郷へ移ったと考えられる。

かつて義昭の父・義晴と兄の義輝が、京から近江国朽木谷《くつきだに》に亡命した際に、その地の奉公衆・朽木氏から御所の提供を受けるなどさまざまな援助を受けたように、義昭も鞆の浦と近辺の地元勢力に面倒をみてもらった。戦国時代末期においても、地方の武士にとって現職の将軍の権威は、絶大なものだったのである。

小早川隆景も書状で、「思いがけず将軍が鞆の浦に御座を移されたが、これにより毛利元就や隆元（元就の長男）を知らないような遠国の大名からも便りが届くようになった。これは毛利家の面目であり、当主・輝元にとって、これ以上に名誉なことはない」と記している。

これは天正七年（一五七九）三月のものであるが、義昭が鞆の浦に来たことによって有力戦国大名として認められたことを喜んでいるのである。

「鞆幕府」の陣容

足利義昭は、鞆の浦とその近辺に御所を構え、現役の将軍として幕府を維持し、多くの幕府衆を従えていた。この時期の鞆の浦における義昭の幕府を「鞆幕府」とよぶことにするが、その実態については、これまでまったく注目されなかった。

「鞆幕府」の関係者はわかっているだけでも、八二〜八四頁の表のようになる。

「鞆幕府」関係者の筆頭は、副将軍に位置づけられた毛利輝元である。

これについては、天正十年（一五八二）二月十三日付で毛利氏の重臣・吉川《きっかわ》経安《つねやす》が、鳥取城で戦死した子息・経家の活躍ぶりを子孫に伝えるために書き残した文書で、「義昭将軍は織田上総介（信長）を退治するため、備後国鞆の浦に御座所を移され、毛利右馬頭《うまのかみ》大江《おおえの》朝臣《あそん》（輝元）を副将軍に任じられた」としていることから明らかである。

義昭は、帰洛を果たすために安芸吉田郡山《こおりやま》城（広島県安芸高田市）を本拠とする戦国大名・毛利輝元を頼ったが、当初、輝元は義昭を庇護することに難色を示した。畿内の政局にかかわる危険を避けたかったのである。

しかし遅くとも、義昭が鞆の浦に移った天正四年五月までに、輝元は義昭と協力する道を選んだ。それは、前年に九州の戦国大名・大友氏による西からの脅威がなくなったことと、尼子《あまご》氏再興をめざして執拗に抵抗を続ける尼子勝久をはじめとする播磨・丹波などの反毛利勢力が、信長に従うことが明らかになったからだ。毛利氏の主な脅威が、西方から東方へと移ったことへの対応でもあったのである。

「鞆幕府」関係者（職名は「永禄六年諸役人附」などの史料表記による）

名前	役割	備考
		毛利氏
毛利輝元	副状作成	副将軍、外様大名衆、毛利氏当主
吉川元春		近臣、外様大名衆、毛利氏重臣
小早川隆景	副状作成	近臣、外様大名衆、毛利氏重臣
安国寺恵瓊	使僧	近臣、備後安国寺住持、毛利氏使僧
神田（三浦）元忠	津之郷御所提供	大外様衆、毛氈鞍覆・白傘袋使用許可、毛利氏重臣
児玉就方		毛氈鞍覆・白傘袋使用許可、毛利氏重臣
益田宗兼		大外様衆、毛利氏重臣、義昭が益田藤兼を越中守に益田元祥を右衛門佐に任じる
三沢為虎		御供衆、毛氈鞍覆・白傘袋使用許可、毛利氏重臣
山内隆道		御供衆、毛氈鞍覆・白傘袋使用許可、毛利氏家臣
熊谷信直		毛氈鞍覆・白傘袋使用許可、毛利氏家臣
富永掃部頭		毛氈鞍覆・白傘袋使用許可、毛利氏家臣
村上亮康	義昭一行の警固	毛氈鞍覆・白傘袋使用許可、大可島城主、毛利氏家臣
渡辺源八郎		毛氈鞍覆・白傘袋使用許可、毛利氏家臣
渡辺民部少輔	一乗山城城主・常国寺御所提供	毛氈鞍覆・白傘袋使用許可、毛利氏家臣
草刈重継		番衆（三番衆)、毛利氏家臣
		幕府衆
飯川信堅	副状作成	申次
伊勢左京亮		御供衆、毛利氏家臣平賀氏が滞在経費を負担する
伊勢上野介	使者	貞弘か、御供衆、政所執事伊勢氏一族
一色昭孝	副状作成、使者	近臣、御供衆、唐橋在数次男（孫という説も)、のち在通と称し家康に仕え高家に。毛利氏家臣山内氏が滞在経費を負担
一色昭辰	副状作成、使者	
一色昭国	副状作成、使者	丹後一色氏一族

名前	役割	備考
一色昭秀	副状作成、使者	近臣、宗像神社大宮司宗像氏に派遣
一色藤長	副状作成、使者	御供衆
飯尾昭連	奉書作成	奉行衆
飯尾為忠	奉書作成	奉行衆
上野信孝		近臣
上野秀政	副状・奉書作成、使者	近臣、御供衆、家来（中川瀬介等）あり
海老名新太郎	使者	番衆
大蔵院日珠	使者	上杉氏・武田氏・北条氏に派遣
大館晴忠		
大館藤安	副状作成、使者	番衆、上杉氏に派遣
狩野光茂	使者	
北畠具親		伊勢国司北畠具教の実弟、南伊勢で一族・旧臣と同家再興を試みる
京極高成		御供衆、近江守護家、京極高広の子息
高五郎次郎		番衆
小寺政識		播磨御着城主、荒木村重の謀反に与同。村重は尾道に下る
小林家孝	副状作成、使者	番衆、摂津花隈城で荒木村重に謀反を説得
城行長	副状作成、使者	奉行衆
瑞林寺	使者	
曽我晴助	使者	河野氏に派遣
武田信景		若狭守護武田義統実弟、武田勝頼のもとに派遣され、天正10年3月甲斐で処刑される
武田刑部大輔	使者	御供衆、若狭守護武田信豊の実弟信実か
内藤備前守	使者	丹波守護代内藤ジョアン（如安）、信長に所領没収
畠山昭賢		紀伊守護畠山一族か。取次あり
畠山昭清	番衆	
布施治部少輔	使者	奉行衆。島津氏に派遣
細川輝経	使者	取次あり
真木島昭光	副状作成、使者	近臣、番衆、家来（中島兵大夫・半田七介・吉郎・高田等）あり。毛利氏家臣吉見氏が滞在経費を負担する
陽光院	使者	

「鞆幕府」関係者（つづき）

名前	役割	備考
松田藤弘	副状・奉書作成、使者	奉行衆
松田秀雄		奉行衆・政所寄人
松田左衛門尉	使者	番衆か。上杉氏に派遣。天正10年4月に清水宗治の与力として備中冠山城で戦闘
水主長門守		毛利氏家臣天野氏が滞在経費を負担する
柳沢元政	使者	足軽衆か。厳島神社大宮棚守房顕・元行父子との取次、後に毛利家臣
大和淡路守	使者	北条氏に派遣、北条氏家臣大和氏一族か
蓮華坊	副状作成	
六角義尭	副状作成、出兵	外様大名衆、近江守護六角義賢子息、家来（今井猪介・小倉治部大夫等）・取次・厩方あり
竹田法印定加		侍医、在鞆の浦
春阿弥		同朋衆、猿楽衆も滞在
千若		小者、御厩方も滞在
春日局	女房	側室
大蔵卿局	女房	乳人

輝元は、義昭の御内書の副状《そえじょう》を出して、義昭の命令を毛利の家臣団に取り次いだ。その数は義昭側近の真木島昭光に次いで多い。毛利氏は、義昭と一体化したのである。

輝元の叔父・吉川元春（元就次男）は、もっとも義昭の政治路線に近く、義昭が鞆の浦に来た時点で自分の花押《かおう》を変えており、決意を新たにしたようだ。また、義昭を直接庇護した小早川隆景も義昭の近臣というべき存在で、彼も御内書の副状を作成している。

義昭に日常的に仕え、彼の御内書の副状を作ったり使者を務めたりした側近中の側近は、真木島昭光を筆頭に一色昭秀と上野秀政であり、この三名はいずれも京都以来、義昭に従ってきた幕府の奉公衆であった。

「鞆幕府」の大名衆としては、京極高成《きょうごく》（近江）・武田信景（若狭）・内藤ジョアン（如安、丹波）・六角義尭《よしたか》（義治・近江）・北畠具親《ともちか》（伊勢）などの、室町時代以来の守護・守護代や国司に連なる人々とその家臣団があげられる。彼らはなぜ鞆の浦に来たのだろうか。

たとえば伊勢国司北畠具教《とものり》の弟・具親は、天正四年、北畠氏滅亡の報せを受けると、奈良興福寺東門院を出て還俗した。そして南伊勢に入り、天正五年から、北畠一族や旧臣を集め、義昭や武田勝頼、六角承禎《しょうてい》（義賢）らと組んで北畠氏の再興をめざした。しかし北畠信《のぶ》雄《かつ》（信長次男。信長の政略で北畠氏の養子となった）の攻撃を受けて、鞆の浦に逃れたのである。

このように鞆の浦に逗留した大名衆は、信長によって所領没収や追放処分を受けた大名家の関係者であり、彼らは義昭を頼って自家の再興の機会をうかがっていた。

義昭には、奉公衆や奉行衆も従っていた。前者は御供衆《おともしゅう》・外様衆《とざましゅう》・番衆であって、一色藤長など京都以来の者と、益田宗兼や三沢為虎など毛利氏の重臣から義昭が任命した者とがあった。後者は飯尾為忠らで、奉行人奉書や例外的に副状を作成したり使者を務めたりした。

ちなみに、京都時代の義昭の幕臣は百二十人ほどであった。これに比べると「鞆幕府」の関係者は少ないが、彼らは反信長勢力の中枢として義昭を支えたのである。

「鞆幕府」の台所事情

毛利輝元の援助があったとはいえ、義昭の幕府を支えるには独自の財源も必要だった。鞆の浦時代の幕府財源には、臨時的なものと定期的なものがあった。臨時的な収入には額の大きいものが多かったが、それらは、さまざまな栄誉や免許を与えることにともなう献上品である。

義昭は、毛利氏の重臣を上級幕臣である御供衆に加えたが、これは地方武士にとってきわめて名誉なことだった。たとえば、御供衆への加入を認められた出雲の国人・三沢為虎は、天正四年（一五七六）十月に太刀・馬・劔・青銅千貫文など莫大な品を義昭に献上した。

また義昭は、「大外様衆《おおとざましゅう》」とよばれる、将軍に仕える大名格の毛利氏重臣の相続にもかかわった。たとえば、石見《いわみ》（島根県西部）では最大の国人・益田藤兼の相続を承認すると、そ

月・日		進物	備考
4	1	太刀１腰、青銅20貫文	年頭礼
4	4	鷂（はいたか）２つがい、樽５種５荷	
4	9	鷂１羽	
8	6	太刀１腰、青銅20貫文	年頭礼
8	6	太刀１腰、銀子100両、５種10荷	

河野氏の進物（「河野文書」による）

の礼として益田氏は太刀・馬・白銀三百両を義昭に贈っている。御供衆といい大外様衆といい、「鞆幕府」の身分秩序は、毛利氏の家臣団にとって大きな意味があったことを示している。

定期的な財源の主なものは、毛利領内におかれた「鞆幕府」直轄の所領からはいる税収であった。長谷川博史氏が指摘されているように、天正十八年におこなわれた検地後の状況を示す「八箇国御時代分限帳」には、「昌山《しょうざん》（義昭の法名）様領」として備後国沼隈郡内だけで千三百五十石にのぼる所領が記録されている。これは、毛利氏では中規模以上の家臣に相当する所領である。

また義昭は「鞆夫《ともふ》」とよばれる独自の夫役《ぶやく》を、毛利氏を通して周防・長門両国の寺社領に課していた。鞆夫とは人夫役や普請役で、金銭で代納することもできた。

さらに義昭には、西国の諸大名やその重臣から、しばしば高価な進物が届けられた。たとえば伊予河野氏は上の表のような進物を義昭に贈っている。

当時の河野氏は、毛利氏と姻戚関係にあり、天正四年の木津川口の戦いには毛利氏とともに水軍を派遣したが、重い軍役負担にもかかわらず、このような進物を義昭に贈っていたのである。

「公帖《こうじょう》」の認可料

幕府財政とかかわって注目したいのが、鞆の浦にあっても、義昭が歴代将軍と同様に、一貫して京都五山や鎌倉五山をはじめとする有力禅寺の住持の任命権をもっていたことである。住持の任命書である「公帖（公文《くもん》）」を得るには認可料（公帖銭）を払わねばならなかったから、もちろんそれは義昭の重要な収入となった。

京都相国寺《しょうこくじ》の『鹿苑院公文帳《ろくおんいん》』などをもとにして、天正四年（一五七六）から同十年の義昭による公帖の発給をみると左の表のようになる。

信長は、この任命権を義昭から奪えなかった。五山禅寺の住持の任命権は、天正十四年以降は関白・豊臣秀吉に（ただし、義昭は文禄二年［一五九三］まで公帖を発給していた）、そして徳川将軍へと継承された。

東アジア外交

五山禅寺の住持への任命権と関係するのが、外交権の問題である。

当時の有力寺院の僧は漢文の読み書きに長《た》けていたので、戦国大名がおこなっていた東アジア外交にかかわることも多かった。たとえば、博多の聖福寺《しょうふくじ》や薩摩の大願寺の住持は五山への出世コースであったが、彼らは大内氏や島津氏との関係も深く、その外交文書を起草していた。義昭が南禅寺の住持に任命した嘯岳鼎虎《しょうがくていこ》と耳峰玄熊《にほうげんゆう》は、ともにこの聖福寺の住持であった。

義昭が、聖福寺や京都五山の人事権をある程度掌握していたとすると、彼も歴代将軍と同様に「日本国王」として、中国・朝鮮・琉球などの東アジア外交にかかわっていた可能性は

年・月		僧名	国名	寺名
4	3	嘯岳鼎虎	相模	建仁寺
4	3	瑞露恵珍	山城	真如寺・広厳寺
4	3	文叔清彦	相模	禅興寺・安養寺
4	3	九舜徳仁	相模	禅興寺・安養寺
4	4	登嶽等庸	相模	円覚寺
4	11	玄圃霊三	山城	真如寺
4	12	季清光涼	山城	南禅寺
4	—	月臨周泉	相模	円覚寺
5	3	明叔元揚	山城	東福寺・南禅寺
5	3	雲岫永俊	山城	相国寺
5	3	明斎□□	山城	南禅寺
5	4	嘯岳鼎虎	山城	南禅寺
5	5	天叟□祐	相模	建長寺
5	6	清叔寿泉	山城	南禅寺
5	6	規宗周超	相模	禅興寺
5	—	瑞径首興	山城	安国寺
6	2	済蔭周宏	山城	南禅寺
6	7	花岩明讃	薩摩	大願寺・禅興寺
6	—	瑞径首興	山城	三聖寺
7	7	覚甫円宗	山城	真如寺
7	8	耳峰玄熊	山城	南禅寺
8	11	江叔恵澄	出雲	城安寺
9	3	江叔恵澄	相模	禅興寺
9	5	惟松慧融	相模	円覚寺
9	5	祥岩恵戩	山城	南禅寺
9	7	江叔恵澄	相模	禅興寺
9	8	祥岩恵戩	山城	南禅寺
10	2	□□玄棟	山城	臨川寺・景徳寺
10	5	瑞嶽栄鳳	薩摩	大願寺

義昭が発給した公帖（年号は天正）

ある。

明の万暦九年（天正九年［一五八一］）十一月に朝鮮国王・李昖《えん》（宣祖）が、「日本国王」に対して返書を送ったことが「朝鮮通交大紀」に記されている。その時、使節の役をつとめたのは室町時代以来、博多の聖福寺がもつネットワークを活用して朝鮮外交をおこなっていた対馬島主・宗氏の当主・昭景《あきかげ》である。

彼は天正五年十二月に義昭から偏諱《へんき》（主君の名前の一字）を与えられ、名を昭景（のちに義智《よしとし》）と改めた。また彼は、義昭に進物を贈っていたようで、たとえば天正七年正月七日付の義昭の側近・真木島昭光の書状には、「対州（対馬国）より御鷹進上候」との記載がみえる。偏諱拝受と鷹の進上という事実は、二人の間に主従関係があったことを示している。

このようなことから、朝鮮国王のいう「日本国王」とは、宗氏による架空の国王でも、また信長でもなく、義昭を指していたと考えられる。毛利氏は、赤間関《あかまがせき》（下関の古名）などを窓口にして対明・対朝鮮貿易をおこなっていたが、義昭を奉じることで、さらに有利な条件を獲得したのである。

琉球についても、歴代将軍と同様に義昭が外交権を握っていた可能性がある。永禄二年（一五五九）以来、島津氏は琉球貿易を独占していたが、それは将軍権力を背景とするものであった。その見返りとして、島津氏はしばしば義昭に進物を贈っていた。たとえば天正五年の夏には、「白糸五十斤」を義昭に献上したが、これは琉球貿易を通じて得た中国の高級生糸だったと思われる。

義昭と毛利氏・島津氏などの西国大名との良好な関係の背景には、東アジア諸国との外交貿易関係があったとみることもできるのである。

「公儀軍」の戦い

義昭の「鞆幕府」は、毛利氏権力と一体化することによって対信長戦に必要な軍事力を備えることになった。天正四年（一五七六）に輝元が副将軍になると、義昭の命令を受けた毛利軍は、「公儀軍」の中核として軍事行動を開始した。

その最初の戦いは、同年七月におこなわれた大坂本願寺へ物資を補給する作戦、すなわち「木津川口の戦い」であった。この戦いで毛利軍は、信長方の水軍を打ち破って勝利した。

翌天正五年、信長は瀬戸内海の制海権を確保するために紀伊の雑賀衆へ攻撃を仕掛けた。これに対して小早川隆景は、同年三月十三日付で、紀伊国新宮の堀内氏に対して、「上意」すなわち義昭の命令に従って雑賀の救援に向かうように指示している。

この動きを警戒した信長は、三月十五日に雑賀衆を許すと、急いで撤退した。義昭は、三月二十七日付の上杉謙信宛の御内書などで、信長方が「軍利を失い引き退き候」と伝えている。義昭の帰洛戦は、毛利氏を中核に、大坂本願寺と上杉氏の連携のもとに進められていたのである。

天正五年閏《うるう》七月、毛利軍は讃岐・阿波両国に侵入し、信長に従った三好勢を攻撃した。この戦いののち、三好氏と毛利氏との間で交渉がもたれ、義昭の裁定によって、三好勢から人質を取り、講和が成立した。

毛利氏の一連の軍事行動は、あくまでも「公方様御供奉《ごぐぶ》」のためのものであり、まず将軍義昭の帰洛戦の前提となる、東瀬戸内海の制海権を握ろうとしたのである。そして毛利氏のもとに亡命していた讃岐西部の守護代であった香川氏が、同年八月までに本城の天霧《あまぎり》城に帰還した。義昭が、「香川入国の儀、もっとももしかるべく候」とこれを支持したように、鞆の浦対岸に位置する讃岐を掌握することは重要課題であった。

上杉謙信の急死、荒木村重《むらしげ》の謀反

天正六年（一五七八）は、義昭にとって一進一退の年となった。播磨三木《みき》城（兵庫県三木市）の別所長治が信長を見限って義昭と結ぶと、丹波国八上《やかみ》城（兵庫県丹波《たんば》篠山《ささやま》市）の波多《はた》野《の》秀治《ひではる》も同調した。

これらの動きと上杉謙信の上洛戦は、密接に関係していた。謙信は、天正四年以来、義昭の命令を受けて、毛利氏と連携して信長を退けようとしていたのである。謙信は、天正四年六月に義昭の仲介で加賀の一向一揆と和睦して上洛戦の準備を整えると、天正五年九月に能登七尾城（石川県七尾市）を落とし、さらに加賀手取川の戦いで柴田勝家の織田軍に快勝した。

ところが謙信は、天正六年三月十三日に春日山城で急死してしまった。義昭にとっては、上洛途次の武田信玄が病死した時と同じ衝撃であった。しかも同年六月には、信長が九鬼嘉隆に作らせた甲鉄船が完成し、それを駆使する九鬼水軍の活躍によって大坂湾の制海権は信長のものになった。

そこで義昭は、大胆にも信長の重臣への接近を図った。側近・小林家孝を摂津花隈《はなくま》城（兵庫県神戸市）へ派遣し、そこで摂津有岡城主の荒木村重を説得したのである。その結果、同年十月までに、村重は義昭を奉じて大坂本願寺や毛利氏と結んだのである。

実力者として知られた村重だが、それまでに大坂方面軍の司令官の地位を佐久間信盛に奪われ、中国方面軍の司令官についても羽柴秀吉に奪われ、さらに信長の近習・長谷川秀一の度重なる無礼に耐えかねて将来に望みを失っていたことが、謀反の原因であった。

このような動きで見過ごせないのは、大名間の争いをおさめ、その軍勢を動員する義昭の政治力の大きさである。

鞆の浦にあっても義昭は、将軍の権威をふるうことができた。また毛利氏は、義昭を奉じて信長と対抗することで、中国地域から北四国および北九州におよぶ、巨大な勢力圏を形成することができたのである。

義昭の花押《かおう》

ここで義昭の花押の変化を見てみたい。花押とは、書状の主が署名をした下に書き添えるサインで、現在の実印に相当する。自筆なので、花押には署名主の意識が表れていると考えられている。義昭の花押の変化を詳しく研究された蕪木宏幸氏によれば、義昭の花押には十のタイプがある。

蕪木氏によると、「覚慶様《よう》」とは歴代足利将軍が使用した公家タイプの花押を意識したものである。「武家様」は、永禄九年（一五六六）四月二十一日に義昭が従五位下左馬頭《さまのかみ》に任官したのを機に使用したもので、歴代将軍の例にならったとされる。

「公家様」は、永禄十一年十月十八日に義昭が従四位下征夷大将軍兼参議、左近衛権中将に任官した時から使いはじめたもので、「昌山様《しょうざん》」とは、天正十六年（一五八八）正月十三日に義昭が出家し「昌山道休《どうきゅう》」と名のったのを機に変えた花押である。

義昭が京都を離れた元亀四年（一五七三）七月から天正四年に鞆の浦に移るまでの期間、その花押に変化はなかった。将軍としての意識は、変わらなかったのである。

しかし、筆者の見るところ、公家様ⅢとⅣには中間型とよぶべきタイプが存在する。それは、天正四年の鞆の浦に移った直後から使用された花押で、それまでよりも大振りになり、左中央のはねている部分の長さが短くなったものである。そして翌天正五年の帰洛戦の本格的な開始から、左中央のはねている部分が極端に短くなり、もっとも大型の公家様Ⅳが使用

花押類型	使用期間
覚慶様Ⅰ型	永禄８年５月22日～永禄８年８月５日
覚慶様Ⅱ型	永禄８年10月13日～永禄９年４月18日
武家様Ⅰ型	永禄９年４月24日～永禄12年
武家様Ⅱ型	永禄９年６月11日～永禄10年７月朔日
公家様Ⅰ型	永禄12年３月23日～元亀元年７月19日
公家様Ⅱ型	元亀元年８月２日～元亀２年３月８日
公家様Ⅲ型	元亀２年７月晦日～天正４年10月10日
公家様Ⅳ型	天正５年３月朔日～文禄２年10月12日
昌山様Ⅰ型	（天正２年）４月14日
昌山様Ⅱ型	（年未詳）正月26日

足利義昭の花押一覧（分類名は蕪木2003による）

公家様Ⅲ型

天正４年型

公家様Ⅳ型

足利義昭の花押の変化

されるようになる。

花押の大きさは、花押の主の意識・願望などが反映されていると考えられる。「鞆幕府」を基盤とした義昭は、帰洛戦を開始するにあたって決意を新たにしたのであろう。

将軍と幕府の公式文書

義昭の公式文書は、戦国時代の歴代将軍が用いた御内書である。これは義昭が鞆の浦にいた期間を通して、全国の大名・領主や有力な寺社勢力に宛てて大量に発給されている。御内書とセットで出される副状も同じである。副状は基本的に近臣の一人が作成するもので、真木島昭光が群を抜いて多い。

また鞆の浦からは、幕府の公式文書である幕府奉行人奉書も出されている。そのなかで注目したいのは、京都永養寺（京都市下京区）に出された幕府奉行人奉書である。

この寺は将軍家にゆかりのある浄土宗寺院であるが、応仁の乱で衰えていた。天正七年（一五七九）に住持の来誉極阿は寺を再興するにあたって、「鞆幕府」が作成した幕府奉行人奉書（同年八月十三日付）を求めたのである。

すでに、この寺は同年正月八日に信長が任命した京都所司代・村井貞勝から再興を許可されていた。しかし、住持の極阿は、義昭の承認がなければ寺の再興は難しいと考えたのであろう。この時期でも、京都の寺院では義昭の幕府が必要とされていたのである。

また義昭は、天正七年六月十二日付の幕府奉行人奉書で、公家で小早川氏の家臣となっていた飯田尊継《たかつぐ》に対して、彼の父がもっていた山城国小栗栖《おぐるす》（京都市伏見区）の遺領を相続することを許可している。また、同日付の幕府奉行人奉書で、尊継の京都周辺にあった本領の相続も許可している。相続関係でも、義昭の幕府は効力をもっていたのである。

光秀への接近

足利義昭が、天正六年（一五七八）に信長方の荒木村重に謀反をすすめたように、明智光秀に接近して謀反をすすめた可能性は、きわめて高い。

当時の光秀が置かれていた情況は第一章で述べたが、まとめると次の二つになる。

①信長の四国政策が急変して、長宗我部氏を従属させる長年の努力が無駄になり、光秀の織田政権内における地位が決定的に低下しようとしていた。

②織田一門と若手の近習を取り立てて畿内近国を固め、家臣団の世代交代を進める信長の方針が現実のものとなり、政権中枢にあったとはいえ、老臣の光秀は近江・丹波から遠国に国替される恐れが十分にあった。

しかし、こうした情況にあったとしても、それが信長への謀反と結びつく必然性はなかったはずである。この段階の光秀は、左遷される恐れがあったとはいえ、生命の危険にさらされていたわけではないからである。身分制社会である。旧臣とはいえ、織田家の一部将が将軍に依頼したとは考えがたい。

それが謀反という最も危険な道を選んだのは、なぜなのか?

光秀は有能な戦国武将の常として、軍事的・政治的な判断力を備えていた。軍事的にみれば、光秀の率いる軍勢で可能なのは、信長を急襲して権力を奪取することまでであって、その後の政権を維持していく軍事力は明らかに不足していた。したがって事を起こそうとすれば、毛利氏・長宗我部氏・上杉氏など強力な軍事力をもつ戦国大名が反信長で結束していることを、光秀が確信できなければならない。

そして政治的にみれば、信長殺しを正当化し政権の正統性を主張するには、将軍・義昭の支持が必要不可欠である。彼の確約がなければ、光秀は信長に替わる政権の展望をもつことはできない。

このようなことから、光秀の謀反は、義昭からの働きかけによって起こったとしか考えられないのである。

当時の信長は、四国出陣を前にして、義昭と彼を奉じる主な敵対勢力と雌雄を決する覚悟であったに違いない。毛利氏の最前線にある備中高松城から義昭のいる備後国鞆の浦までは、直線距離にして約六十キロしかなかった。

高松城が陥落すると、織田方の軍隊が鞆の浦をめざして殺到するのは、火をみるよりも明らかであった。このような時期、義昭が、なりふりかまわず光秀に誘いをかけたとしても、なんら不思議ではない（補章を参照されたい）。

雑賀衆と組む

光秀は、信長を見限り、再び義昭を奉じることにした。それを示す史料として、本能寺の変直後の天正十年（一五八二）六月十二日に雑賀衆を率いる土橋重治《つちはししげはる》に宛てた光秀の書状がある。この史料を理解するには、紀伊国雑賀の土豪層の内紛についてふれておかねばならない。

天正八年閏三月に、大坂本願寺の顕如が雑賀に下って以来、雑賀では信長派の鈴木重秀（孫一・孫市とも）と反信長派の土橋守重《もりしげ》とが、地域を二分して争っていた。天正十年正月二十三日、重秀が守重を殺害し、守重の弟・重治は逃亡したが、この事件の背景には、信長の画策があった。

それまで土橋守重は、一貫して反信長派であり、とりわけ光秀と昵懇《じっこん》であった長宗我部氏と親密な関係にあった。信長は、天正十年に予定していた長宗我部氏攻撃の前哨戦として、雑賀衆の反信長派を率いる土橋氏の始末を命じたのである。

公家・勧修寺晴豊《かじゅうじはれとよ》の日記『晴豊記』には、あらかじめ信長の軍勢を重秀が預かっていたことや、信長から朱印状が雑賀に送られたことが記されている。『信長公記』にも、内々に信長の了解を得て守重を殺害したとある。

事件直後に、岸和田城（大阪府岸和田市）の織田信張《のぶはる》が重秀を支援するために雑賀に進駐し、重秀のもとに雑賀は統一された。ところが本能寺の変が起こると、たちまち土橋重治は復帰して雑賀を反信長派で固め、根来寺や高野山などの近隣の寺院勢力にも決起を呼びかけた。

重治は、さらに光秀に協力する書状を送ったが、その返報が次に示す六月十二日付の光秀の書状（森家文書、美濃加茂市民ミュージアム所蔵）である。

　　なおもって、急度《きっと》御入洛の義、御馳走肝要に候、Ⓑ委細（闕字）上意として、仰せ出
　　さるべく候条、巨細あたわず候、
　Ⓐ仰せの如く、いまだ申し通わず候ところに、
（平出）上意馳走申し付けられて示し給い、快然に候、然《しか》れども
（平出）御入洛の事、即ち御請け申し上げ候、その意を得られ、御馳走肝要に候事、
一、その国（紀州惣国一揆）の儀、御入魂《じっこん》あるべき旨、珍重に候、いよいよその意を得られ、申し談ずべ
　く候事、
一、高野・根来・そこもとの衆（雑賀衆）相談せられ、泉・河（和泉・河内）表に至り御出勢もっともに候、知行

等の儀、年寄をもって国と申し談じ、後々まで互いに入魂遁《のが》れがたき様、相談すべき事、

一、江州《ごうしゅう》、濃州《のうしゅう》ことごとく平均申し付け、覚悟に任せ候、御気遣いあるまじく候、なお使者申すべく候、恐々謹言、

（天正十年）
六月十二日　光秀（花押）

雑賀五郷

土橋平尉殿（重治）

御返報

この書状が、内容と形式から天正十年のものであることは確かである。一つには、光秀が雑賀衆の反信長派を率いる土橋重治と接触をもつ可能性は、この年以外には考えられないからであり、もう一つは、書状が暗示する京都を離れている貴人とは、文中の「上意」や「御入洛」の文字が平出《へいしゅつ》（改行）や闕字《けつじ》（一字空き）によって敬われていることから、足利義昭しかいないからである。

本能寺の変の首謀者

この書状の傍線（A）の部分を現代語にすると次のようになる。

仰せのように今まで音信がありませんでしたが〔初信であることの慣用表現〕、上意（将軍）への奔走を命じられたことをお示しいただき、ありがたく存じます。しかしながら（将軍の）ご入洛の件につきましてはすでに承諾しています。そのように（私たちが同じ立場だと）理解されて、ご奔走されることが肝要です。

この一文から、本能寺の変直後の雑賀への復帰とその統一という、重治の迅速な行動が、あらかじめ義昭からの命令を受けてのものであったことがわかる。光秀も、重治とは別ルートで義昭から入洛要請を受け、承諾していることを述べているのである（補章参照）。当時でも、高度な秘密を必要とする軍事命令を出す場合は、命令を受ける者が複数いても、各人には他にも命令を受ける者がいることを一切知らせないのが基本である。したがって連携作戦でも、命令を受けた者相互の関係は、実際の場になってはじめてわかるのであって、光秀と重治もまさにそうした関係であった。

傍線（B）の部分の現代語訳は次のようになる。

詳細は上意（将軍）からお命じになられるということですので、委細につきましては（私からは）申し上げられません。

この文から、全軍を統括するのは義昭であったことがわかる。特に、土橋氏から作戦の指示を求められた光秀が、当時の緊迫した状況にあっても、義昭に指揮権があると明言していることは見過ごせない。

これをもってしても、本能寺の変以前から光秀が義昭に従っていたとみなければならないのである。

『惟任《これとう》退治記』の記述

光秀の謀反に関連して、本能寺の変からわずか四ヵ月後の天正十年（一五八二）十月に、羽柴秀吉の御咄衆《おはなししゅう》であった大村由己《おおむらゆうこ》が書いた『惟任退治記』のなかに、次のような一節がある（大阪城天守閣学芸員・跡部信氏のご教示による）。

惟任（光秀）公儀を奉じて、二万余騎の人数を揃へ、備中に下らずして、密《ひそか》に謀反を工《たく》む。しかしながら、当座の存念に非ず、年来の逆意、識察する所なり、

『天正記』に収められた、この同時代の記録については、これまで「公儀」は信長を指すものと解釈されてきた。しかし『惟任退治記』における信長の呼び方は「将軍」で一貫してい

る。ちなみに、引用部分の直前で「将軍《(信長)》は、信忠を京都に相具し、御動座あり」と記されているから、「将軍」と「公儀」を同一人物とすることは不自然である。

なによりも、光秀が信長を主君として戴いているのは当然であり、それでは「光秀が信長を奉じて……（信長に対する）謀反を企む」と解釈せざるをえず不自然である。やはり「公儀」とは、当時の一般的な用法に従って足利義昭と理解すべきであろう。

そうすると、以下のように解釈される。

光秀は、将軍・足利義昭を奉じて、二万余騎の軍勢を編制して、備中に向かわず、密かに謀反を企てた。しかし、これは発作的な思いからではなく、年来の逆心からであることを（秀吉サイドは）察していた。

このように解釈すると、一〇〇頁に掲げた、義昭を奉じてクーデターに臨んだことを示す史料と、見事に合致する。この文章の後段に記されているように、大村由己をはじめとする秀吉方の人々にとって、光秀の信長に対する年来の逆心は常識に近く、それほど違和感がなかったのであろう。

2　政変迫る

安土城の構造が示すもの

　義昭と彼を奉じる反信長勢力が恐れたのは、畿内を固め、さらに中国・四国・北国まで侵攻しようとする信長の軍事力だけではない。彼らがもっとも反発したのは、天下統一後に信長が進めようとした国家構想とその思想――室町時代の伝統的な統治体制と価値観を転覆する――であった。これに関連して注目したいのが、発掘調査されて明らかになった信長が築いた安土城の構造である。

　それによると、安土城の天主（天守閣）は、三層の主殿に二層の楼閣をのせる奇抜な高層建築物であった。この天主は、足利義満の政庁（北山第）の中心施設であった舎利殿《しゃりでん》（金閣）を参考にしたものであろう。たとえば、両者ともに最上階は金箔押しで三間四方の広さがあり、軒の四隅には風鐸《ふうたく》が下がっていた。信長はこの天主で政務をとり、朝廷からの勅使を迎えた。

　異なるのは、それぞれのシンボルである。舎利殿の屋根には、朝廷の象徴でもある鳳凰《ほうおう》がのっていた。これに対して安土城天主の楼閣一層目の側壁には、遠目にも鮮やかに、鯱《しゃちほこ》と飛龍が描かれていた。

龍は中国皇帝の象徴である。晩年の信長は、「天下布武」の印章にも龍をかたどったものを使用したことが知られている（二四頁、現時点で十三個の使用例が確認されている）。この龍によって信長は自らの理想を示したのであろう。

一九九九年度の発掘によって、安土城の本丸に置かれた御殿が天皇の御所・清涼殿と似た造りになっており、この御殿は信長の居住する天主から見下ろす位置にあることが明らかになった。

さらに二〇〇二年度におこなわれた発掘によって、安土城の大手（正面）には、京の御所と同様に三つの門があり、それに続く大手道は直線部分が長さ約百八十メートル、幅約九メートルもの規模をもっていたことが確認された。

天皇が安土へ行幸《ぎょうこう》する予定であったことが『晴豊記』や『信長公記』に記されているが、これらの調査結果によって、安土城にその用意があったことが考古学的に確認されたばかりか、天下統一後の信長の国家構想を知る手がかりが得られたのである。

安土行幸が実現すれば

信長は、天正十年（一五八二）六月一日、本能寺に参集した公家衆に、同月四日から開始する西国攻めが短期間で終了する（勝利する）であろうと語っている。

すでに九州地域は、天正八年に信長が大友氏と島津氏に対して停戦を命じ、その翌年に和

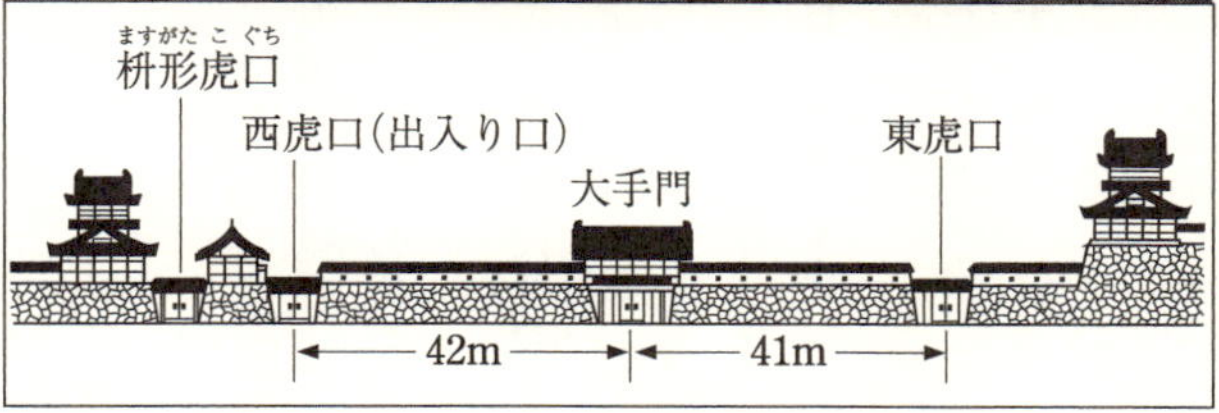

復元された安土城の大手道（上）と正面想定図（下）

議が成立している。関東の北条氏は、天正十年三月の武田氏攻撃ののち、信長から所領を預けられた。奥羽の伊達氏、北奥羽の安東《あんどう》氏は、ともに信長に鷹を進上して信長と良好な関係にあった。残るは中国の毛利氏と四国の長宗我部氏のみであった。

もし本能寺の変が起こらなかったら、天正十年後半には信長による天下統一が実現したことは間違いない。それを受けて、六十六歳という老齢の正親町天皇が退位し、信長の庇護のもとにあった誠仁《さねひと》親王が即位して、安土城への訪問、すなわち安土行幸がおこなわれることになっていたと考えられる。

戦国時代を通じて京都を離れたことのなかった天皇が、信長に対してわざわざ代替わりの挨拶に行くのである。これは天皇を頂点とする中世的な権威構造の変革を決定づける、重大な儀式になるはずだった。

実際に行幸がなされたなら、天皇一行は大手門をくぐって、信長のいる天主を見上げたであろう。これに対して信長は、はるばる京都から訪れた天皇の一行を見下ろすことになったのである。

誠仁親王が即位したとすると、次に問題になるのが、誰が皇太子になるかである。

これに関しては、『多聞院《たもんいん》日記』の天正七年十一月二十日条と同二十二日条に、信長が誠仁親王の皇子・五宮《ごのみや》(のちの興意《こうい》入道親王)を猶子としたこと、また二十二日条に、この日に五宮が二条御所(もとは信長の京都屋敷で、誠仁親王が御所に移ったのちは下《しも》御所となる）に入ったことが記されている。

橋本政宣氏が指摘されたように、信長が二条御所を献じたのは、五宮を猶子としたことによるものであろう。したがって、仮に五宮が皇太子になり、さらに天皇に即位すれば、信長は義理の父すなわち太上天皇として王権を左右することさえありえたのである。

本能寺の変の直前の時期、表面的には信長と朝廷との間に対立があったわけではない。しかし、水面下では重大な事態が進行していたと考えられるのである。

神々の統合

天正八年（一五八〇）に大坂本願寺と講和した信長は、天下統一を目前にしていた。

この段階における信長の国家観が端的に表れているのが、先に触れた宣教師ルイス・フロイスに対して信長が述べたことばである。信長は、安土を訪れたフロイスが正親町天皇への紹介を求めると、不快そうに拒否して、「予がいる処（日本）では、なんじらは他人の寵《ちょう》を得る必要がない。なぜならば予が国王であり内裏（天皇）である」と言ったという。

天正九年の二月から九月にかけて安土を訪れたイエズス会巡察使ヴァリニャーノは、信長に会う前に宣教師たちからこの話を聞いて、天皇に面会を求めることを取りやめている。

信長は天皇の権威を相対化するとともに、自らを神格化しつつあった。これに関連するのが、安土城内に建立された摠見寺《そうけんじ》である。『信長公記』の天正九年七月十五日には、ヴァリニャーノ一行も見た盂蘭盆会《うらぼんえ》の儀式の様子が記されているが、ここで摠見寺が初めて登場する。

なぜ信長は安土城内に七堂伽藍《がらん》をもつ本格的な寺院を建立したのだろうか。これについてフロイスは『日本史』で、次のように述べている。

彼（信長）はもはや、自らを日本の絶対君主と称し、諸国でそのように処遇されることだけに満足せず、（中略）自らが単に地上の死すべき人間としてでなく、あたかも神的生命を有し、不滅の主であるかのように万人から礼拝されることを希望した。そしてこの冒《ぼう》瀆《とく》的な欲望を実現すべく、自邸に近く城から離れた円い山の上に一寺（摠見寺）を建立することを命じ、（下略）

摠見寺は、信長を本尊とする寺院であり、信長が「万人から礼拝される」ための寺院だったのである。また信長は、天正十年に武田氏を滅ぼした直後に、もとは信濃善光寺にあった如来像を岐阜に移している。これが、源頼朝以来の善光寺如来信仰を強く意識したものであることは疑いない。

天下統一を目前にした信長は、中世的な権威構造を換骨奪胎《かんこつだったい》した、自らを頂点とする新たな国家を創出しようとしていたとみなければならない。

信長は、これまでも宣教師に対しては友好的な態度で接しており、とりわけヴァリニャーノには、京都で大規模な軍事パレード（馬揃《うまぞろ》え）を見せたり、安土では安土城を自ら案内したりしている。

信長が日本における布教情況を査察するために派遣された巡察使・ヴァリニャーノに示した姿勢は、ローマ教皇グレゴリウス十三世をはじめ、東アジアへ進出するスペイン、ポルトガルなどの南欧勢力に対して、彼こそが日本における最高権力者であることを見せつけるためのものだったと思われる。

困惑する朝廷

勧修寺晴豊の日記『天正十年夏記』を研究された立花京子氏は、本能寺の変の前日にあたる六月一日から一ヵ月間の記載を詳しく分析して、本能寺の変は、皇位継承者とみなされていた誠仁親王、太政大臣・近衛前久《さきひさ》、その家令（公卿の家務を総括する公家）で武家伝奏《てんそう》（幕府の意志を朝廷に取次ぐ役職）でもあった晴豊などの有力公家による、朝廷の信長打倒戦であったと結論づけた。その傍証として、立花氏は次の二点をあげておられる。

①六月七日、前久は子息信基（信尹《のぶただ》）のもとに赴き、酒一樽を進上し、晴豊も交えて正式の酒宴を催している。およそ信長の死を悼む者の姿は、ここにない。

②六月十七日に光秀の重臣であった斎藤利三が生け捕りにされるが、晴豊は「彼（利三）など信長打談合衆也」と、利三が信長暗殺の密談に加わっていたことを記しており、早くもクーデターの裏面に潜む人間関係を知っていたことがわかる。

これらをふまえて立花氏は、「光秀家中以外の人物と利三を交えた談合、すなわち、信長討ち果たしの計画があり、かつ晴豊がそれに同席しないまでも承知していたことを示している」と指摘されたのである。

誠仁親王については確かな史料がなく謎が残るが、この時期に朝廷関係者が信長に反感をもっていたことは十分考えられる。ここで注目したいのは、近衛前久の存在である。

前久は、天正三年以降、信長にとって朝廷の代理人として重要な役割を演じ、二人は個人的にも親交を結んでいた。たとえば信長は、天正八年の大坂本願寺との講和や九州の島津氏・大友氏の停戦などに、前関白の前久を仲介役として利用した。前久も信長から知行を回復してもらうなど、多大な経済的援助を受けていた。

しかし天下統一を目前にした信長にとって、朝廷の利用価値は以前ほどではなくなっていた。信長が天皇の権威を相対化し、朝廷を統制しようとしたため、それをいち早く察する立場にあった前久が、密かに信長に反感をもっていたと推測してもあながち間違いではない。

前久は、義昭の従兄弟（義昭は前久の叔母・慶寿院の子）であり、義兄弟（義昭は前久の父・近衛稙家《たねいえ》の猶子）でもある。本能寺の変のあとの彼の行動を見ると、前久は義昭方と結んでいた可能性を否定できないのである（補章を参照されたい）。

暦の改変を要求

天正十年（一五八二）正月、信長は暦の変更を要求した。暦の制定は、元号の制定と同様に「時の支配」にかかわる問題で、天皇大権の一つであった。

当時、天皇に提出された京暦（宣明暦《せんみょうれき》）では、天正十一年正月に閏月が定められていたが、信長は地方暦である「濃尾の暦」（三島暦とする説もある）のとおり、天正十年に閏十二月を設定するように主張した。同年六月一日に本能寺を訪れた公家衆に対して、信長は暦の変更を再度申し出ていることからも、この問題をうやむやにするつもりでなかったことは確かである。

なお桐野作人氏は、信長が暦の問題を蒸し返した理由を、京暦が不正確で、天正十年六月一日の日食を把握できていなかったことに求めておられる。永禄八年（一五六五）に暦道を担当していた賀茂在富が亡くなり、正親町天皇は急遽、天文道担当の土御門《つちみかど》有春に暦道担当を命じたが、技術的な低下を免れることができなかったのである。

信長は天下統一に合わせて、地方暦を統合し正確な暦法を必要としたが、これによって「時の支配」をも実質的に掌握しようとしたのであろう。

「三職推任」問題

さらに天正十年(一五八二)五月四日に、朝廷から信長に示された関白・太政大臣・将軍のいずれかへの就任要請、すなわち「三職推任」問題は、信長が回答を留保したため、官位を天皇が授けるという本来のありかたが逆転し、信長に主導権を預けるかたちで尾を引いていた。

天皇の安土行幸が日程に上るこの時期になると、圧力を加える信長の姿勢に対して、朝廷側は少なからず困惑し、反発を強めていたに違いない。天皇の大権が侵害されたうえに、信長の権威に天皇がひれ伏すという構図が、安土行幸によって広く衆人の目にさらされるからである。

太政大臣であった前久は、こうした朝廷の危機を正確に理解する立場にあった。前久の指示に従って行動したと思われるのが、前久の家令で吉田神社(京都市左京区)神官の吉田兼《かね》見《み》である。

本能寺の変ののち、兼見は光秀と四回も会っている。しかも六月七日には、勅使として安土城の光秀を訪れている。九日、上洛した光秀からは、勅使の返礼として銀子五十枚も贈られている。

このような目立つ動きをしたため、兼見は織田方から嫌疑をかけられる羽目に陥った。光

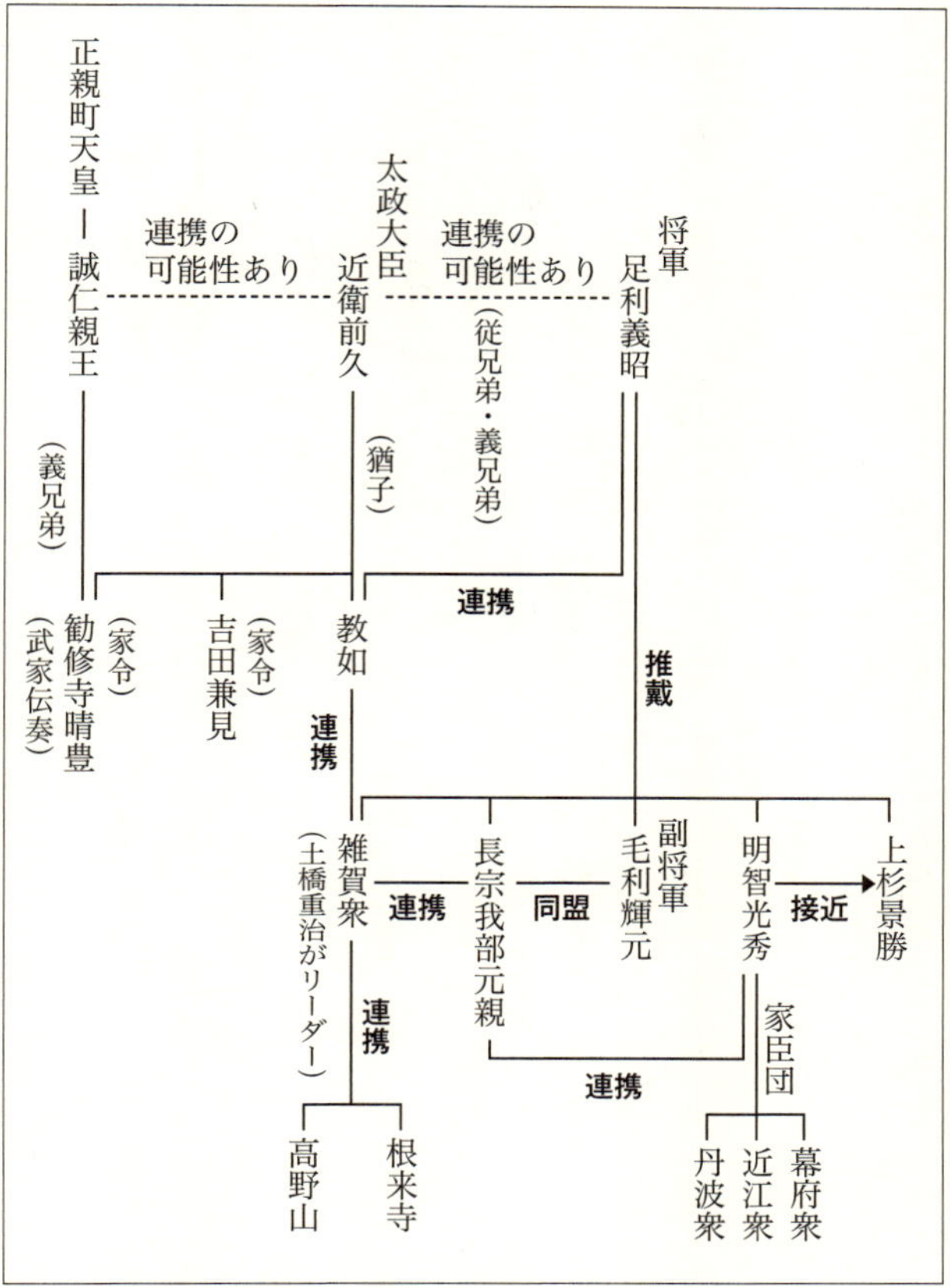

光秀と結んだ人物関係（本能寺の変の直後）

秀が敗れた山崎の戦いの翌日、六月十四日に、織田信孝（本能寺の変以降は織田姓で記す）の家臣である津田越前守が、尋問のために兼見を訪れたのである。

兼見は誠仁親王や秀吉の家臣に働きかけるなどして、なんとか事なきを得たが、変の首謀者として信孝から嫌疑をかけられた前久は、逃亡の末、はるばる浜松まで下って徳川家康の庇護を受けたのである。

このような人物関係をまとめたのが前頁の図である。

3　政変断行

六月二日の意味

本能寺の変が六月二日に起こったのは、なぜだろうか。通説のように光秀の「思いつき」だったら、たまたまこの日になっただけの話だが、光秀が六月二日に決行したのは決して偶然ではない。彼にはこの日しかなかったのである。これについては、次のような理由が考えられる。

先に述べたように、光秀が率いる軍勢で信長・信忠父子を急襲し、政権を奪取することはできても維持することは難しかった。したがってクーデター後、懇意な関係にあった長宗我部氏の軍勢が、早急に上洛して光秀に合流することが必須条件だった。

大坂に集結した織田信孝を最高指揮官とする四国攻撃軍の出陣日は、六月二日に迫っていた。光秀は、長宗我部氏を危機から救い、その軍事力を活用するためには、四国攻撃軍の渡海をなんとしても阻止せねばならなかった。そのためには、信孝が出陣する前にクーデターを起こす必要があったのである。

六月二日未明の変の知らせが伝わると、たちまち四国攻撃軍は混乱し、結局、信孝は出陣することができなかった。それによって、先陣として阿波に渡っていた三好康長の軍隊は孤立し、長宗我部軍の進路となる淡路も、長宗我部方の水軍が洲本城（兵庫県洲本市）を占拠することによって確保された。ここまでは、光秀のねらい通りになったのである。

『元親記』（『長宗我部元親記』ともよび、元親の家臣高島重漸が寛永八年［一六三一］の元親三十三回忌にあたって著わした元親一代記）には、四国攻撃軍の出陣を前にして、光秀の重臣である斎藤利三が、妹婿の長宗我部元親が滅亡の危機にあることを心配しており、それを知った光秀が、クーデターの準備を早めたことが記されている。

クーデターの日程は、さらに重大な理由から決定された。それは先に触れた、朝廷から信長に示された三職推任問題との関係である。信長の回答は、彼が西国へ向かうために上洛した六月二日から四日までの期間に示される可能性があった。

信長が横死したため、関白・太政大臣・将軍の三つのうち、どのポストを彼が要求するつもりだったのかはわからないが、三職推任を信長に伝えた勧修寺晴豊の『天正十年夏記』には、朝廷の意向として「関東討ち果たし」、すなわち武田氏を倒した功績によって、将軍に任官してもよいと信長に伝えたことが記されている。

信長に近侍していた光秀は、その情報をキャッチしていたであろうし、主君の意志がどこにあるのかも、おそらく正確に理解していたであろう。仮に信長が将軍職を求めれば、風聞は瞬《また》く間に全国に広がり、それは事実上、義昭の将軍解任となってしまう。

もし将軍職以外なら、クーデター決行日は六月三日か四日のほうが光秀にとって好都合だったかもしれない。安土で信長の供応を受けた徳川家康は、そのあと京都から和泉国堺を訪れ、三日には京都に戻っている予定だった。彼には、わずかな供廻りがいるだけなので、これをクーデター部隊で襲えば、信長ばかりか家康も亡き者にすることができたからである。

本能寺の変を京都に戻る途中で知った家康は身の危険を感じて、急遽、伊賀越えを強行して伊勢に逃れ、舟で三河に着くと、すぐに軍勢をそろえて京都に向かった（「神君伊賀越え」）。仮に光秀が山崎の戦いに勝ったとしても、引き続き強力な家康軍と対戦しなければならなかったであろう。

すでに義昭方についた光秀は、信長に将軍職を受けると回答させるわけにはいかないと判断したからこそ、あえて六月二日にクーデターを決行したのである。

六月一日に光秀が居城の丹波亀山城（京都府亀岡市）から出立したのちに、はじめて自らの意志を家臣に告白したという、よく知られた通説はとうてい史実とはいえない。斎藤利三のような一部の側近には、当初から相談していたのは確実である。

四国に下った光秀縁者

筆者は、光秀がクーデターに踏み切った直接の契機は、親密な関係にあった長宗我部元親が、信長の攻撃によって存亡の機に瀕していたことだと考えている。これは山崎の戦いののち、敗れた光秀の縁者が、土佐の長宗我部氏のもとに落ち延びていったこととも無関係ではない。

たとえば、斎藤利三の実兄・石谷頼辰《いしがいよりとき》が元親を頼っている。彼の場合は、義妹が元親の正室であり、さらに娘婿が元親の嫡男・信親であったから当然ともいえる。頼辰は、ほどなく元親の重臣となった。

なお『長宗我部地検帳』のなかの天正十六年（一五八八）十月一日付「長岡郡江村《えむら》郷御地検帳」には、蓮如寺村（高知県南国市）のなかに「石谷殿御土居《おどい》」がみえる。石谷氏は、元親の本拠・岡豊《おこう》城の城下の一等地に居館を与えられたのである。

そのほかにも斎藤利三の娘で、のちに徳川家光の乳母・春日局《かすがのつぼね》となる福とその兄弟も、土佐に落ち延びたようである。

愛宕百韻《あたごひゃくいん》

光秀は、天正十年（一五八二）五月二十七日から二十八日にかけて愛宕山（京都市右京区、標高九二四メートル）に登り、山頂の愛宕神社に戦勝を祈願した。愛宕神社には、その名から諸国の武士に崇拝されていた勝軍地蔵があったのである。

両日とも天気は晴で、光秀は山頂から信長の宿所となっている本能寺を遠目に確認したことであろう。二十九日に控えた信長の上洛に備えて、本能寺ではあわただしく準備が進められていたに違いない。

五月二十八日、光秀はのちに「愛宕百韻」とよばれる連歌会を、愛宕神社内の威徳院で催した。

ときは今天《あめ》が下《した》しる五月《さつき》哉《かな》

有名なこの発句《ほっく》は、これまで「とき」を「土岐」と結びつけ、美濃源氏の土岐一族である光秀が天下を奪取する決意を表明したものであると解釈されることが多かった。

しかし、津田勇氏は「とき」を「土岐」に掛けるのは短絡的とし、三国志の英雄・諸葛孔《しょかつこう》明《めい》の『出師表《すいしのひょう》』にある「今ヤ天下三分、益州疲弊シ、此レ危急存亡ノ秋《とき》ナリ」をふまえた句であると指摘された。

また、光秀の胸の内には、足利尊氏の先例があったに違いないという。尊氏は正慶《しょうきょう》二年（一三三三）五月に、丹波から京都を攻め、六波羅探題を滅ぼしたのである。

したがって、光秀の発句のモチーフは「源氏が、朝敵となった横暴な平氏を討つということが、また時を隔てて繰り返されることになるであろう」となる。

筆者も、源氏の棟梁《とうりょう》である将軍・足利義昭を奉じる光秀が、平清盛の末裔《まつえい》と称している信長を討つことを表明した句であると受け止めたい。

愛宕神社で光秀がおこなった戦勝祈願は、クーデターの成功を願ってのものであった。これについては、発句以外の光秀の句からもうかがえる。ここでは、光秀の詠んだ全十五句のなかから三句をとりあげる（引用は、新潮日本古典集成『連歌集』）。

月は秋秋はもなかの夜はの月
おもひに永き夜は明石がた
旅なるをけふはあすはの神もしれ

これらは、『拾遺集』『源氏物語』『古事記』『万葉集』などをふまえて歌われたものであり、光秀の教養を余すところなく示しているが、やはり目前に控えた大事を強く意識しているとみることができよう。

当時の信長は、先に述べたように天皇権威の相対化に着手していた。光秀のような教養人には、それが耐えがたい域に達しつつあったとみられる。これもクーデターを決意する大きな要因となったに違いない。

信長、本能寺に死す

五月二十九日、信長はわずかの供廻りを従えて京に着き、本能寺に宿泊した。当時の本能寺は、現在の本能寺がある場所（京都市中京区下本能寺前町）とは異なり、四条坊門西洞院《にしのとういん》（京都市中京区元本能寺南町）にあり、信長によって城砦化されていた。発掘によって、旧本能寺は一町（約百九メートル）四方の規模であったことが確かめられている。

六月一日に信長は、本能寺で大茶会を催し、勅使・公家・堺衆らに名物の茶器や絵画などを披露した。そののち囲碁を観戦した信長は、床に就いた。

翌六月二日未明、本能寺に光秀の軍隊が殺到した。当時、本能寺から直線距離で二百メートルたらずの南蛮寺にいた宣教師が、次のような記録を残している（フロイス『日本史』）。

ちょうど手と顔を洗い終え、手拭で身体をふいている信長を見つけたので、ただちにその背中に矢を放ったところ、信長はその矢を引き抜き、鎌のような形をした長槍である長刀《ナギナタ》という武器を手にして出て来た。そしてしばらく戦ったが、腕に銃弾を受けると、自らの部屋に入り、戸を閉じ、そこで切腹したと言われ、また他の者は、彼はただちに御殿に放火し、生きながら焼死したと言った。

六月四日の西国出陣を前にして、供廻りの多くは京内に散らばって宿泊していたのだろう。本能寺は、無人に近い状況だったといわれる。これを知っていた光秀は、その隙をついたのである。

猜疑心《さいぎしん》の強い信長が、なぜわずかな供廻りしか伴わずに上洛したのか、なぜ本能寺に十分な警護の兵を配置しなかったのか？　これについては諸説があるが、確かな史料がなく、謎というほかはない。

切腹したとも焼死したともいわれる信長と、その直後に光秀の軍隊の攻撃を受けて二条御所で討ち死にした信忠の亡骸は、阿弥陀寺の住持・清玉によって葬られたと伝えられている。

信長と親しかった清玉は、変の知らせを聞くと本能寺に急行し、寺の裏の垣を破って中に入ると、近習たちが信長を荼毘《だび》に付そうとしているのに出くわし、自らが火葬して骨を持ち帰ったらしい。さらに清玉は、光秀の許しを得て、二条御所で信忠らの遺骨を拾ったとされている。

光秀に合流する勢力

こうして光秀の本能寺への奇襲は成功したが、はじめから光秀は単独で本能寺を襲う作戦だったのだろうか？　結果としてはそうなったが、奇襲でも、あらかじめ味方の部隊と連携した作戦を立てておくのが戦国武将の常識であろう。

大和の筒井順慶《じゅんけい》は、光秀に合流して本能寺を襲う予定だったようだ。『多聞院日記』の天正十年（一五八二）六月二日条には、「順慶今朝京へ上るところ、上様（信長）急度《きっと》西国へ御出馬トテ、既に安土へ帰らる由《よし》か、これに依り帰られ了《おわ》んぬ」と記されている。六月五日条には「順慶ハ堅く以て惟任《これとう》（光秀）ト一味と云々」とみえることからも、六月二日の朝に順慶が京都へ向かったのは、偶然ではなかろう。誤報によって合流できなかったが、順慶が光秀から連絡を受けて動いたとみてよいだろう。

順慶は足利義昭の養女を正室として迎えており、幕府衆といってよい立場だった。彼は、かつて義昭の援助によって大和を回復しており、光秀の与力大名だった。また順慶の与力で槙島城主・井戸良弘も、光秀に呼応している。

家康の供応役を解任され、五月十七日に坂本城に帰還した時点で、光秀はクーデターを決心していた。それ以降、彼が味方の勢力と連絡を取り合っていたことは間違いない。

たとえば、本能寺の変ののち、近江山本山城主の阿閉貞征《あつじさだゆき》や北近江の守護・京極高次《たかつぐ》が長浜城を、また若狭の守護・武田元明が佐和山城を占拠したのも、光秀からの連絡に応じたものに違いない。

光秀が、摂津の能勢《のせ》氏あるいは淡路の菅《かん》氏など、信長によって鎮圧・追放された領主層や牢人たちとも連絡をとっていた可能性は高い。

能勢氏は、光秀に属した幕府衆であったが、信長の嫡男・信忠の舅《しゅうと》となった塩川氏に敗退し、家運が傾いていた。菅氏は、天正九年の秀吉による淡路攻撃を受けて退去していたが、本能寺の変の直後に洲本城を攻撃して入城している。

西美濃三人衆の一人、安藤守就《もりなり》の場合も同様である。彼は信長の家臣だったが、武田氏に内通した過去を問われて天正八年八月に追放された。守就は、本能寺の変に乗じて美濃北方《きたがた》城（岐阜県北方町）で稲葉良通（一鉄）と戦ったが、六月八日に敗死している。

また光秀は、本能寺の変の直後から織田家臣団の切り崩しをおこなった。たとえば、六月二日付で信長家臣で美濃野口城主であった西尾光教《みつのり》に、信長・信忠父子を討ち果たしたので、光秀に味方して近隣の大垣城（岐阜県大垣市）を攻め取るように書状を送っている。

さらに、光秀に合流した軍勢のなかには、あらかじめ義昭の指令を受けて派遣された部隊があった。現在確認できるのは、先に触れた鞆幕府の大名衆・北畠具親に従っていた家臣たちである。義昭は、自らの帰洛のための先遣隊として派兵したのであろう。

六月十三日の山崎の戦いで、光秀とともに討ち死にした北畠氏重臣の名前が記された古文書が、北畠氏の本拠であった多気《たげ》（三重県津市）近郊の寺院に伝わっている。それには、大宮光成以下の八名が「天正十年六月十三日　明智光秀ト一所討死ス」と記されている（多気大正庵法会名帳）。

義昭は、先に述べた雑賀衆・土橋重治の場合のように、畿内周辺の反信長勢力に、前もってクーデターに関する情報を伝え、光秀に協力させようとしたばかりか、自らに仕えている大名衆にも出陣を命じていたのであった。反信長勢力から連絡を受けた光秀は、前掲史料（一〇〇～一〇一頁）のように自ら義昭を推戴していることを表明したうえで、今後の軍事協力を依頼し（第二条）、恩賞を約束した（第三条）であろう。

ここまで読み進められた読者諸賢には、改革派信長と守旧派義昭との激突が織田政権内部の派閥抗争と連動することで本能寺の変が勃発したようにみえたであろう。確かに、それは事実の一面である。しかし、その本質は天正八年から本格化した、仕置の強制執行による天下統一事業を、誰が推進するのかにあったことを忘れてはならない。

信長のような、足利幕府の否定はもとより、朝廷でさえも相対化してゆく激しい政治改革は、批判にさらされつつあったのだ。それに対して、この国の行く末を熟考し幕府再興さえ許容する光秀が、待ったをかけたのである。

政権崩壊の後は、その出自と驚異的な出世故に、あらゆる権威を利用せねば生き残ることができない秀吉が、天下統一事業を継承することになる。この段階の義昭は、宿敵を葬ったにもかかわらず、歴史から取り残された喜劇の主人公にさえみえてくるのだ。

第三章　「秀吉神話」を解く

1　備中高松城の水攻め

備中高松城

信長から毛利氏攻撃を命じられた羽柴秀吉は、天正十年（一五八二）五月七日から備中高松城（岡山市）を包囲すると、水攻めを開始した。旧暦の五月、折からの梅雨によって城近くの足守川《あしもりがわ》は増水し、高松城は水没の危機を迎えた。毛利氏は、これを救援するために高松城南方の丘陵部に進出した。

現在も残っている高松城の本丸跡からは、東側に秀吉の本陣があった石井山が見通せる。これに対して、本丸跡から南側に見える日差山《ひさしやま》には、小早川隆景の本陣が置かれていた。これまでの調査で、秀吉方が築いた砦（陣城）が十一ヵ所、毛利方の砦が七ヵ所あったことが確認されているから、攻守ともに大がかりな構えだったのである。

高松城を水攻めにするため秀吉が突貫工事で築かせたとされる堤防は、蛙《かわず》ケ鼻《はな》から原古才《はらこさい》

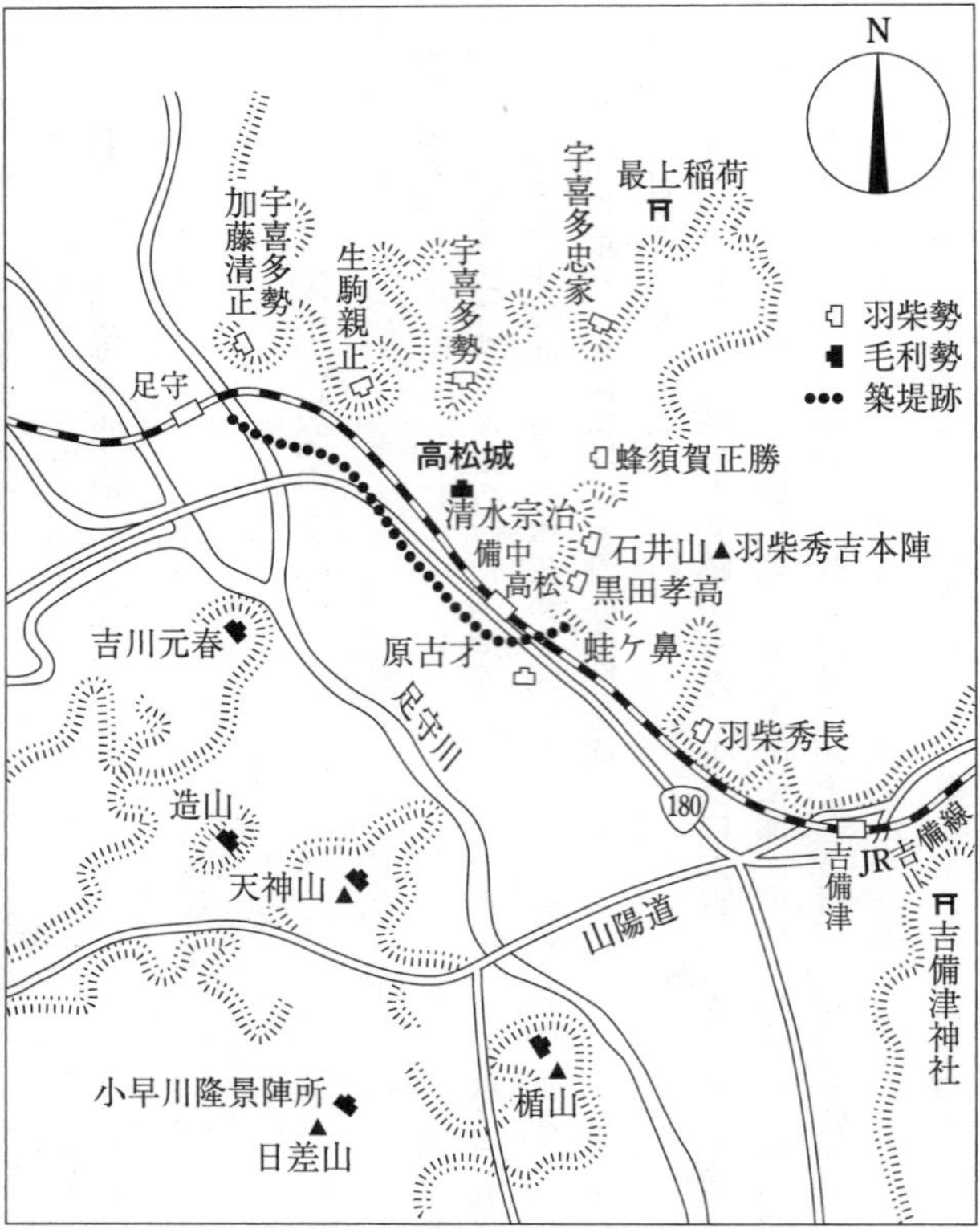

備中高松城をめぐる毛利勢と羽柴勢の配置

付近にかけて重点的に築かれ、それより西は、当時の街道（松山往来）を堤防代わりにしたとみられる。また足守川からの取水口は、現在のＪＲ吉備線の足守川鉄橋の下流にあった。

地元郷土史家の林信男氏は、蛙ケ鼻付近にだけ堤防を作れば、梅雨の時期に降り注いだ雨がそのまま残り、高松城の付近一帯は水浸しになることが予想されるので、それほど大がかりな土木工事は必要なかったのではないかと考えておられる。

講和の事実

通説によれば、高松城を包囲する陣中に迷い込んだ光秀の密使をとらえた秀吉は、六月二日の信長横死を知ると、ただちに毛利氏と講和を結んで包囲を解き、疾風の勢いで軍を返して山崎の戦いで主君の仇を討ったことになっている。

講談やＴＶドラマの影響もあって、われわれの多くはこれは史実だと思っているが、はたして本当のことだったのだろうか？

直接対決している軍勢の一方が、いきなり講和を申し出ても敵方はその意図を疑い、すぐに講和しないだろうし、撤退すれば追撃するのは戦《いくさ》の常道である。大体、なぜ秀吉は水攻めなどという手間も時間もかかる悠長な戦術をとったのか、大任を託された光秀の密使が行き先を間違えて秀吉の陣に近づくなどということがあるだろうか、事前の準備もなしに大軍を急速に、しかも追撃も受けずに撤退させられるだろうか……、疑問はいくつも湧いてくる。

まず、高松城をめぐって対決していた秀吉と毛利氏が講和を結んだのは、なぜなのだろうか。これを毛利氏側の史料から見てみよう。

講和が結ばれた天正十年（一五八二）六月四日から四日後の六月八日に、毛利輝元が村上水軍を率いる村上元吉《もとよし》に宛てた書状がある。

それには、「羽柴《（秀吉）》和平の儀申すの間、同心せしめ無事に候、まずもって互いに引き退《の》き候」と秀吉側から講和を持ち出したこと、それに続いて「然《しか》るところ信長父子三人の事、京都において生害の由その聞こえ候」と、講和を結んだのちに、毛利氏は信長の死を知ったことが記されている。

毛利氏へ本能寺の変の情報が届いたのは、どんなに早くても六月四日とみられる。すると毛利氏は秀吉が講和を持ちかけたときには、すでに条件も含めて講和を結ぶことを決めていたことになる。

実は、秀吉の攻勢によって劣勢に立たされた毛利氏は、天正九年以来、信長の代理である秀吉と中国地域を対象とする領土交渉（中国国分《くにわけ》）を重ねていた。

そして本能寺の変の直前には、毛利氏は講和の条件として「備中外郡切り取り候城下二郡、備前・作州（美作《みまさか》。岡山県北部）の内残りなく、伯州（伯耆《ほうき》。鳥取県西部）三郡」を差し出すことを伝えていた。毛利氏と秀吉との講和は、ほぼ成立していたのである。

秀吉の駆け引き

高松城を包囲すると秀吉は、援軍を要請する使者を信長に送った。その使者は、天正十年（一五八二）五月十七日に安土城に到着している。

しかしその後の動きをみると、秀吉は和戦両様の構えであったとみることができる。今後の信長の西国政策を考慮すると、村上氏をはじめとする有力な水軍を従えるほかに、北九州にも影響力をもつ毛利氏を滅亡させてしまうのは得策でない、むしろ従属させた方がよいと秀吉は判断していたのであろう。

したがって高松城を包囲したが、双方に損害の出る短期決戦を避けて水攻めで圧力をかけたのは不思議ではない。秀吉は、以前から進んでいた領土交渉を早期に締結させ、毛利氏の出方を探るために、わざわざ時間のかかる水攻めを選んだのである。

現在も高松城の近辺には、両軍が築いた砦の跡が残っている。元岡山市教育委員会の出宮徳尚氏によれば、秀吉は吉備津《きびつ》神社（岡山市）やその裏山を信長の本陣にする予定だったのではなかったかという。ここは規模も大きく、山麓に町場もあり、高松城からはもっとも遠くて安全だからである。

毛利方も砦を築いているが、日差山にあった小早川隆景の本陣が長期戦に耐えるように作られているほかは、おしなべて小規模である。しかも首将・毛利輝元は、高松城から約二十キロも後方の備中猿掛《さるかけ》城（岡山県倉敷市真備《まび》町・小田郡矢掛《やかげ》町）に留まっていた。毛利氏にとっての本領は、高梁川《たかはしがわ》以西だったのである。

もし四国の長宗我部氏を破った後、信長の大軍が備中に向かうようなことがあれば、毛利氏はどうなっていただろうか。間違いなく講和は決裂し、毛利氏はその三ヵ月前に武田氏がたどったのと同じ運命を迎えたであろう。

毛利氏が、武田氏のような滅亡の道を選択したとは、とても思えない。すでに信長の命令によって摂津衆などが援軍として備中に向かうとの情報を得たからこそ、秀吉との講和を早めたのであって、これは信長本隊の備中進軍を回避するための方策でもあったと考えられる。

すでに長年におよぶ戦いで疲弊し、重臣層の団結も乱れていた毛利氏は、これ以上の危険は避けるべきであると大局的に判断していたと思われる。それこそが、秀吉からの講和申し込みを、即時に受け入れた最大の理由であろう。

本能寺の変の直後におこなわれた講和交渉において秀吉は、備後・備中・出雲・伯耆・美作の五ヵ国を毛利氏が差し出すという条件を示し、さらに高松城主・清水宗治の切腹を条件に加えた。毛利氏には、それをのまざるをえない現実があったのである。

清水宗治の切腹

領土問題は先に述べたように本能寺の変の直前には、毛利氏と秀吉の間でほぼ合意がなっていたので、講和条件として理解できるが、なぜ秀吉は高松城主・清水宗治の切腹を講和条件に加えたのだろうか。通説のように、秀吉が六月四日に突然に講和を申し出た時点で、はじめて毛利氏はこの条件を知ったのだろうか。

この疑問に対するヒントになるのが、宗治の子孫・清水元周が、萩藩に提出した家譜「清水宮内《くない》家記」のなかにある記載である。そこには、本能寺の変以前から、秀吉方の交渉役だった蜂須賀正勝と生駒親正《いこまちかまさ》が、毛利方の使僧・安国寺恵瓊と会って、次のように語ったとする記載がある。

秀吉の攻撃にもかかわらず、高松城は落城しなかった。数日を経たので、秀吉が輝元の陣中に使者を送り、安国寺恵瓊を呼んで講和の会談をもった。国分については、伯耆は矢走川を限り、備中は高梁川を限り、それ以西の中国地域はすべて毛利家の支配に任せる。そのかわり宗治に切腹を命令されたならば、信長への取り成しも容易となり、毛利家もつつがなく、秀吉の面目も立ち、信長のもとに帰ることができるというものであった。

蜂須賀正勝・生駒親正が内緒で安国寺に言うことには、この近辺の領主は秀吉方になびいており、その証拠もある。特に隆景が弟のように目を掛けている上原元祐《もとすけ》については、毛利家とは縁を切ることが明らかなので、秀吉の言うように講和を結ぶことが得策です。

この家譜には、清水宗治と安国寺恵瓊の間に次のようなやりとりがあって、宗治の切腹が決まったとも記されている。

安国寺は、輝元が国分に了解しないことを断言された以上は、それ以上、聞くわけにはいかず、高松城に帰って、宗治に事情をありのままに話した。

宗治は（次のように語った）自分の切腹の有無ばかりで交渉が滞っていますが、お家がどのようになっても、拙者を見捨てないことで済みましょうか。大変かたじけなく存じます。このような格別のお取りはからいは、これ以上ない当家の面目であります。このような時節ですから、一命をなげうち、後代に名を残すことこそ武士として願うところです。（略）秀吉のもとへ安国寺に出向いていただき（次のようにお伝えいただきたい）、国分の条件について私（宗治）は承知いたしました。

（略）安国寺が秀吉にこのことを申し上げると、秀吉は大変神妙であるとおっしゃり、宗治にもその旨を伝え、六月四日に切腹することが決まった。

この家譜は先祖を顕彰するためのものなので脚色があることは疑いない。しかし、宗治の切腹が講和条件になった経緯や、彼が切腹を受け入れた理由の大筋はこのようなことだったのであろう。

清水氏の本来の拠点は、備中幸山城《こうざん》（岡山県総社市）であった。ここは備中守護代の石川氏の居城であったが、天正三年（一五七五）に同氏が断絶したのを好機として清水氏が乗っ取り、小早川隆景と結びつくことで備中東部の有力領主へと台頭し、宗治が高松城主に任じられたのである。

このように、清水氏がさほど地元の高松に基盤のない勢力であったこと、また播磨三木城（兵庫県三木市）や因幡鳥取城の開城で先例があったことから、毛利・織田双方の面目を立てるために、講和条件は城主・宗治の切腹にほぼ絞られていたと考えられる。

したがって、遅くとも天正十年五月下旬には、清水宗治の切腹について協議されていたに違いない。秀吉が本能寺の変の知らせを受けて、急遽、講和条件に持ちだしたのではないと推測する。

毛利氏重臣の離反

毛利氏が秀吉の条件を一方的にのまざるをえなかった理由の一つには、高松城戦の以前から秀吉が仕掛けていた計略によって、重臣層の団結が乱れていたこともあった。

先に示した清水氏の家譜「清水宮内家記」には、秀吉方の蜂須賀正勝と生駒親正が毛利方の安国寺恵瓊に、「高松近辺の領主は秀吉になびいているし、その証拠もある。特に上原元祐は毛利家と縁を切ることは明らかだ」と語るくだりがある。

上原元祐は、毛利氏が備前国境沿いに配置した七つの城の一つ、備中日幡《ひばた》城（岡山県倉敷市）を預かり、毛利元就の二女を妻とする重臣であったが、正勝らが話したとおり、本能寺の変直前に毛利氏を裏切った。

また、天正十年（一五八二）三月十七日付の蜂須賀正勝・黒田孝高《よしたか》が連署した書状によると、小早川隆景の重臣であり、水軍のリーダー格であった乃美《のみ》氏に対して秀吉は、乃美氏が毛利氏を裏切った場合、安芸・周防・長門三ヵ国と黄金五百枚を恩賞として出すと持ちかけている。

秀吉は、さらに村上水軍を率いる村上（能島《のしま》）武吉《たけよし》・元吉父子に対して、四月十九日付の別の書状で、それぞれにあてて忠節を尽くすように指令している。これによると、これ以前から村上氏と秀吉との間にはパイプが結ばれていること、さらに村上元吉が信長に忠節を尽くすことを約束していたことがわかる。村上氏は、天正十年四月までに、一族の来島《くるしま》氏と同様に毛利氏を離れて信長に属したのであった。

上原氏ゆかりの旧家に残る天正十年四月二十四日付の秀吉密書にも、「海上の事、塩飽《しわく》・能島・来島人質を出し、城を相渡し一篇せしめ候」と、能島・来島の両村上氏が信長に臣従したことが記されている。

こうした秀吉の離反工作によって、毛利家中では、さまざまな流言飛語が飛び交い、家臣相互が疑心暗鬼の状態だったのではなかろうか。高松城の戦いが始まる前から、毛利家中では重臣層すら浮き足立っていたのである。

受け入れられなかった義昭の命令

天正十年（一五八二）六月二日未明のクーデター成功の知らせは、光秀からただちに足利義昭や毛利氏に伝えられたはずである。

現在、光秀の書状はなにも残っていないが、写しといわれるものとして、六月二日付の小早川隆景宛の書状と毛利輝元宛の書状がある。いずれも偽文書の疑いの濃いものであるが、内容的には、まったく根拠のないものではない。

前者では「将軍御本意を遂げらるゝの条、生前の大慶、これに過ぐべからず候、この旨よろしく御披露《ごひろう》に預かるべきものなり」とあり、後者では「公方様急ぎ御上洛候様に、御馳走もっともに候」と記されている。

これらは、将軍・義昭に本能寺の変の情報を伝え、上洛を督促する内容をもっていることでは共通している。光秀が送った書状も、このような内容だったのであろう。

義昭にもクーデター成功の知らせは伝わっていたはずで、ただちに毛利氏から上洛をうながす連絡が入ると思っていたに違いない。しかしいくら待ってもその動きがみられなかったことから、しびれを切らした義昭は御内書をあちこちに出して命令した。

たとえば、六月九日付で吉川元春・元長父子に宛てた御内書では、「（信長の横死によって）京都方面が混乱している好機に臨んで、北前の儀はそのままにして、ただちに備前・播磨方面に向けて出陣し、帰洛のために奔走せよ」と指令している。

文中の「北前の儀」とは、備中高松から北に位置する伯耆羽衣石《うえし》城主・南条氏をはじめとする伯耆の諸勢力への攻撃を意味する。南条氏は天正七年に毛利氏を裏切って以来、執拗に抵抗を続けていたのである。

一方、小早川隆景が六月六日に出した書状には「幸山（岡山県総社市）・河辺（岡山県倉敷市真備町）まで打入り候」と記されており、その時点で隆景が、秀吉に属する宇喜多秀家の軍と接する、備中・備前の国境地域を固めていたことがわかる。そのような折、吉川父子と同日の六月九日付で隆景は、義昭から出陣命令を受けた。

しかし、義昭の命令は受け入れられなかった。毛利氏には上方への進軍はもちろん、高松城の包囲を解いて撤退する秀吉を追撃することさえできない軍事的な事情があったのである。

まず毛利氏が追撃しようとしても東の正面に当たる備前国境には、宇喜多秀家の軍隊が待ちかまえていた。秀吉は周到にも、このような場合に備えて秀家の軍を残していたのである。毛利氏は、これまでも再三にわたって宇喜多氏の防戦によって手痛い打撃を受け、備前進入を阻止されていた。かりに正面突破を強行しても、毛利軍の背後を南条氏が攻撃する手筈になっていたことは間違いない。

毛利氏は、いざという時に、後顧の憂いなく上方へ進軍する条件を欠いていた。将来に備えるためにも、秀吉との講和後は慎重策をとらざるをえなかったのである。

「信長を討ち果たすうえは」

それでも、義昭はあきらめなかった。彼は天正十年（一五八二）六月十三日付で小早川水軍の有力者・乃美宗勝《むねかつ》に御内書を送り、「信長を討ち果たしたので、上洛のことについては必ず奔走するように、毛利輝元や小早川隆景に対して要請しているので、宗勝も忠節を積むように」と指示している（本法寺文書）。

この御内書で驚かされるのは、冒頭の「信長を討ち果たした（原文では「信長を討ち果たすうえは」）という文言である。義昭は、自ら命令を下して信長を倒したのだと述べている。

この御内書は偽文書ではないにもかかわらず、義昭のこの文言は単なる「修辞」にすぎないとして、これまでほとんど無視されてきた。しかし、彼の長年におよぶ一貫した反信長姿勢を踏まえれば、この文言によって、義昭が信長の死にかかわった事実を率直に示したと見なければなるまい。

おそらく義昭は、迅速に進軍する秀吉の動きや、思いもよらぬ光秀の苦しい情況などの情報を正確に得ていたのであろう。義昭は厳しい事態の展開に相当焦っており、一刻も早く帰洛すべく、海路を使おうとしたのではあるまいか。水軍の乃美宗勝に対して御内書を発したのも、このようなせっぱ詰まった情況のなせるわざであったに違いない。

義昭にとって残念なことに、この御内書を出した六月十三日に光秀は山崎の戦いで敗退していた。しかし義昭は、その後も政権奪還に向けて画策することを止めなかった。信長の死によって流動的になった政局のなか、自らの帰洛を望む勢力がなおも存在すると判断したのであろう。

2 「奇跡」の中国大返し

情報戦の勝者

光秀にとって最も深刻な誤算は、それまで彼の影響下にあった中川氏・高山氏・池田氏という摂津の有力大名衆が、ことごとく離反したことであった。これによって、光秀の羽柴秀吉に対する軍事的劣勢が決定づけられたといってもよい。

摂津の大名衆の動向を決めた要因は、情報戦における秀吉の卓越した手腕にあったといえる。備中高松から上方をめざして急行軍していた秀吉は、自らの動きはもちろんのこと、信長をはじめ北国にあった柴田勝家の動きまで、摂津衆に刻々と伝えたのである。

このなかには、本能寺の変のあとも信長・信忠父子が無事であることを伝えるなど、政治的判断による虚偽の情報もあるが、広範な情報収集にもとづく情勢分析によって、織田方の

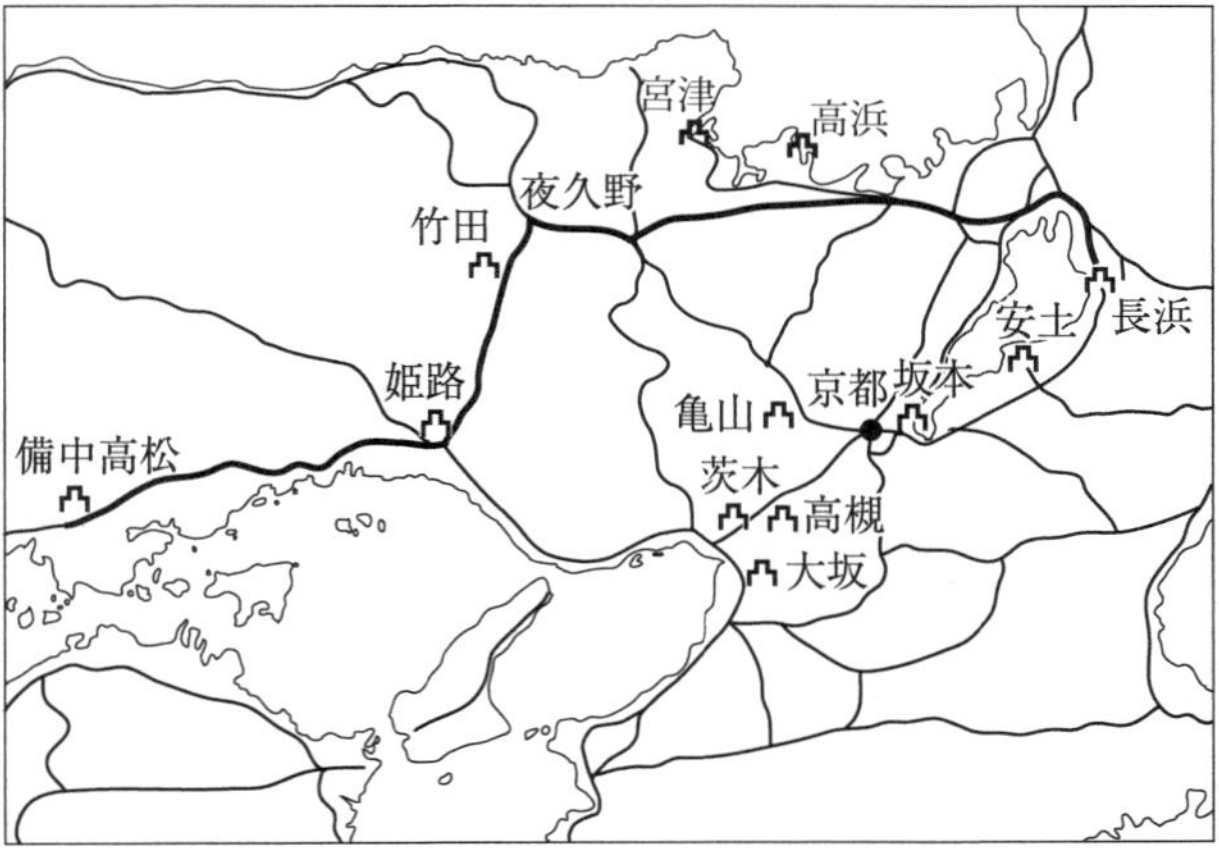

秀吉の使者が往復した推定ルート

有力家臣が続々と上方に向けて進軍中であることを発信し続けたのである。これこそが、摂津衆を秀吉になびかせた最大の要因であった。

　秀吉が正確な情報を得ていた証拠として、秀吉の弟・羽柴秀長が丹波の国衆・夜久《やく》主計《かずえの》頭《かみ》に宛てた天正十年（一五八二）六月五日付の書状があげられる。それを現代語訳すると次のようになる。

　たしかに申し上げます。さてそちら方面（夜久氏の本拠地但馬・丹波国境沿いの夜久野地域。現在の京都府福知山市）においては、羽柴家の家臣の者どもがなんとか近江（長浜）まで往復しておりますが、それについて街道（山陰道）を安全に送り届けていただきまして、大変ありがたく存じます。ますます今後とも往来がありますでしょうから、特によろしくお願いいたします。

（後略）

この史料から、丹波の夜久氏の協力を得た秀長が、秀吉に従って備中高松城近郊にいた六月五日以前から、備中から姫路を経て北上し、但馬から丹波を通り、近江までのルートを確保して、使者がその間を往復していたことになる。

秀吉は、夜久氏をはじめとする街道沿いの領主層の協力を得て、光秀が張り巡らしていたであろう封鎖網をかいくぐって情報を得ていたのである。光秀は、丹波や丹後を、よもや秀吉方の使者が往復するとは思っていなかったであろう。

この当時、丹波の領主層は、光秀や四国攻撃のために大坂に集結した織田信孝の軍に従っていたため、主要な城以外には、ほとんど配置されていなかった。これを見抜いて情報ルートを確保したことが、情報戦における秀吉の勝因といってもよい。

この事実からは、秀吉が事前に光秀のクーデターを、ある程度予測していたとも考えられる。なんといっても、本能寺の変に至る過程で、ライバルの光秀を追い込んだのは秀吉だった。また緊急時に、京と備中を結ぶ西国街道という正規のルートとは異なる、三百キロ以上に及ぶ情報ルートを確保するという離れ業は、あらかじめ準備しておかなければ不可能である。

「密使捕縛」はフィクション

軍記物をもとにした通説では、光秀が毛利氏に派遣した密使が誤って秀吉方の陣所に入ったため、秀吉が毛利氏に先んじて信長横死の情報を得たことになっているが、これは大いに疑わしい。

常識的に考えても、このような重要な用件を託された密使が、敵陣に迷い込むという致命的なミスを犯すであろうか。秀吉の石井山の陣所と小早川隆景の日差山の陣所との間は、直線距離で約四キロも離れていることから、その可能性は低いのである。

かりに秀吉方が光秀の密使を捕らえて情報を得たとしても、それが事実である保証はどこにもない。勝手に毛利氏と講和を結び、さらに上方めざして進軍したならば、秀吉のほうが謀反人となってしまう。やはり秀吉は、事前に設けた自前のルートで、クーデターに関する情報を、誰よりも早く正確に入手していたとみなければならない。

通説は、秀吉の幸運、そして光秀の不運が、あたかも天命であったかのように演出するための「秀吉神話」の一つであったと考えられる。偶然に捕らえた密使の情報、毛利氏との迅速な講和、それに続く上方をめざす二百キロもの猛進撃という秀吉の一連の動きの裏には、はっきりした情報があり、秀吉はそれに基づいて「中国大返し」とよばれる大業を打ったのである。

情報収集能力

秀吉の情報収集能力を示す例はほかにもある。その一つが、上方への進軍中に、光秀に呼応した水軍の動きを察知して淡路を確保したことである。

天正十年（一五八二）六月二日の本能寺の変の直後に、水軍・菅《かん》平右衛門が動いて、前年に織田領となっていた淡路を占拠した。明智光秀にとって淡路島は、大坂湾の制海権を掌握し、織田方の立て籠もる大坂城や和泉岸和田城（大阪府岸和田市）を孤立させるために不可欠であったばかりか、長宗我部氏の摂津上陸作戦にも必要であった。

ところが、六月九日付の秀吉書状によると、進軍中の秀吉は、菅氏の洲本入城に関する情報を正確にキャッチして攻撃命令を出し、たちまち淡路島を制圧したのである。

この当時、秀吉ほど情報の力を理解し、それを駆使する能力に長けた武将はほかにいなかったのではなかろうか。これに関連して、石井進氏が『中世のかたち』（二〇〇二年）で提示された、秀吉が連雀《れんじゃく》商人（行商人）と深い縁があったとする仮説について触れておきたい。

石井氏は、秀吉の親類縁者には各地を遍歴《へんれき》する商人や職人が多かったこと、さらに秀吉自身も少年時代に針商いをしながら今川氏への奉公をめざしたことに着目され、秀吉の出自を賤民的な非農業民に求めておられる。

秀吉が、木曾川筋で活躍した蜂須賀正勝らの山賊的な土豪層（川並衆）と親密であったことは有名である。この土豪層も含んだ流通に関係する非農業民の広範なネットワークを通して、正確な情報をいち早くつかみ利用する術を若くして学んだとすると、信長に仕えたのちの秀吉の急速な台頭も、より理解しやすくなる。

秀吉は自らの情報網から、本能寺の変の直後には、クーデターの背後に潜む人脈や彼らの政権構想をつかんでいたと思われる。それを示唆するのが、遅くとも六月八日までに、秀吉の使者が光秀のもっとも信頼していた丹後宮津城（京都府宮津市）の細川藤孝と接触していたことである。

藤孝は光秀からの要請に応じなかったが、六月十三日の山崎の戦いで秀吉にも加勢しなかった。それにもかかわらず、七月十一日付で秀吉は藤孝に対して、全面的に協力してくれたことを感謝するとともに、今後の処遇を請け合うことを誓約する起請文を出している。

秀吉は明智方と見られている細川藤孝の本心をつかんでいたからこそ使者を送り、本能寺の変に関係する重要な情報と藤孝の意向を確認したのであろう。秀吉の起請文がその見返りであったに間違いない。藤孝は、毛利氏が動かないことを知った直後から、光秀を見限り、秀吉に接近したのかもしれない。

失意の光秀

光秀は本能寺で信長を討ったのち、安土城に入った。長年にわたって信長が蓄えた安土城の財宝を家臣たちに惜しげもなく分け与えたのは、信長の政治方針を継ぐのではなく、それをきっぱりと否定したことを示すものであった。そして政権担当者として朝廷から承認を得るために、六月七日まで勅使の到着を待った。

結果論であるが、こうした時間の空費が光秀にとって裏目に出た。東上する秀吉の軍を防ぐために、すぐに摂津方面に軍を進めて諸大名を組織しなかったことが、山崎の敗戦につながったのである。

この当時、光秀はどのような心境だったのだろうか。これを物語るのが、天正十年（一五八二）六月九日付の光秀の自筆による覚書である。

この覚書の宛先部分は切りとられているが、三ヵ条にわたるその内容から、明らかに細川藤孝に宛てたものである。光秀は、青年時代から藤孝と親密な関係を結んでいた。それは、娘の玉子（後の細川ガラシャ）を藤孝の息子・忠興《ただおき》に嫁させていることからもうかがわれる。

覚書の第一条は藤孝に重臣による援軍を依頼し、第二条は味方になる場合の恩賞を伝える内容であるが、第三条で光秀は、今回のクーデターの目的は、藤孝の子息・忠興を取り立てるためのものであったと念を押し、五十日、百日のうちに畿内と近国を平定して地盤を確立したのちは、それを光秀の子息・十五郎《とうごろう》や忠興に引き渡して、自らは隠居するつもりだと記している。

この覚書を書いた時点で光秀は、細川忠興が夫人を幽閉し、藤孝は光秀の要請を拒絶したことを知っていたから、このような言い訳めいた言辞になったとも思われるが、それでも光秀の念頭には、幕府の管領であった細川氏一門の忠興を擁立すること、すなわち将軍・足利義昭を奉じて幕府体制を復活させ、それを補佐する管領に忠興を据えようとする構想があったと考えられるのである。

ところで、この覚書にある光秀の花押を詳しく調べた立花京子氏は、その不自然な筆運びを指摘されている。確かに、文章も含めて全体的に勢いのない筆跡である。

しかしこれこそ、信頼していた細川父子に裏切られたことを悟った直後の、光秀の落胆ぶりを如実に示しているのではなかろうか。

3　山崎の戦い

光秀の誤算

だが光秀はぐずぐずしているわけにはいかなかった。六月十一日に秀吉の率いる軍勢が摂津尼崎に到着したのである。これほど早く秀吉が山陽道を東上するとは、光秀はまったく予想もしていなかった。

六月二日の本能寺の変の時点で、信長の主立った方面軍司令官は、光秀を除けば、みな遠方にいた。柴田勝家は越中で上杉軍と対峙《たいじ》していたし、滝川一益は関東方面軍を率いて越後春日山城をめざしており、神戸信孝は四国攻撃軍の準備で大坂にいた。備中高松城を囲んでいた秀吉も同じである。

クーデターの知らせが伝わったとしても、彼らが軍を返して京に攻め上るには相当な時間がかかると光秀が考えていたのは当然である。北国、東国への備えには近江に兵力を配置し、京街道を進むとみられる大坂の信孝軍に対処するために淀城（京都市伏見区）を改修したから、光秀も防衛体制を怠っていたわけではない。

光秀の思惑を根底から覆したのが、先に触れた秀吉の「中国大返し」であった。備中から二百キロもある道をわずか一週間で軍勢を東上させるなどということは、誰にとっても想像を超えることだった。虚をつかれた形になった光秀は、寄せ集めの兵力で秀吉軍を防がなければならなくなったのである。

一方、秀吉は迅速に行動することを第一とし、大坂の信孝軍と合流しないで、尼崎から西国街道をそのまま摂津国富田《とんだ》（大阪府高槻《たかつき》市）へ向かった。すでにこの時点で戦後のことを意識していた秀吉は、誰よりも早く主君の弔い合戦に駆けつけたことを広く天下に示す必要があったのである。

秀吉という実力者が大軍を率いて無傷のまま帰還したことで、信長の死後、去就をためらっていた摂津の大名衆は続々と秀吉の軍に従った。これこそが、山崎の戦いで秀吉に圧倒的な勝利をもたらす要因となった。

畿内に入った秀吉は、ここでも得意の情報戦を展開して、光秀側の切り崩しを図った。これを示唆するのが、山崎の戦いの直前、天正十年（一五八二）六月十三日付で大和郡山《こおりやま》城の筒井順慶に宛てて羽柴秀吉・丹羽長秀が連名で出した副状である。

これには、「今日、三七様（織田信孝）が淀川を越されて、高槻方面で陣を張られるということです。明日（六月十四日）は西岡《にしのおか》（京都府長岡京市）方面に陣を進められるとのことですので、そのように心得られて、そちら（筒井順慶）の軍勢を山城に出陣させていただきたい」とある。

この副状のねらいは、秀吉と長秀という織田家重臣が、信長にかわって信孝を支えていることを示すことによって、光秀と結んでいる順慶の離反を決定的にすることにあった。

副状の六月十三日という日付を信じるならば、この時点で秀吉は、翌十四日には信孝らとともに京都盆地に入り、西岡表で合戦をおこなうと判断していたことになる。

予期せぬことから戦端が

京都は四方を山に囲まれた盆地で、摂津方面から京に進軍するには、天王山と淀川に挟まれた山崎（京都府大山崎町）を抜けなければならない。兵力に劣る光秀方は、山崎を通る秀吉軍を「もぐら叩き式」に次々と打撃を与えて殲滅《せんめつ》する作戦しかなく、それには秀吉方の先鋒がおさえている戦略的高地の天王山を奪取する必要があった。

六月十三日の早朝、この山をめぐる争奪戦があり、秀吉勢が天王山を確保した。これで秀吉は山崎から京都盆地に入る見込みがついたが、十三日の夕刻になって、予想外のことから両軍が雌雄を決する山崎の戦いが始まった。

秀吉方の先手・高山右近が光秀の軍勢に突撃したのである。その有様を宣教師のフロイスは次のように記している。

ジュスト（高山右近の洗礼名）は村に入り、明智がすでに間近に来ているのを知ると、まだ三里以上も後方にいた羽柴に対し、急信をもってできうるかぎり速やかに来着するように（と要請した）。（略）まさにその時、明智の軍勢が村の門を叩き始めた。そこで右近殿はこの上待つべきではないと考えた。彼は勇敢で大度の隊長であり、デウスを信頼し、戦闘においては大胆であったので、約一千名余の彼の兵とともに門を開き、敵を目指して突撃した。

フロイスは「村」と書いているが、当時の山崎は東西に門を備え、砦のような都市だったと考えられている。そこを守っていた右近の部隊を、光秀の軍勢が挑発したのである。

フロイスは続けて「敵方がもっとも勇気を挫《くじ》かれたのは、信長の息子と羽柴が同所から一里足らずのところに、二万以上の兵を率いて到着していることを知ったことであった」、しかし「この軍勢は幾多の旅と長い道のり、それに強制的に急がせられたので疲労困憊《こんぱい》していて、（予想どおりには）到着しなかった」とも記している。先の副状にみられる、翌日に合戦がおこなわれるとの判断も、特に秀吉の軍勢の疲れを念頭に置いたものであろう。

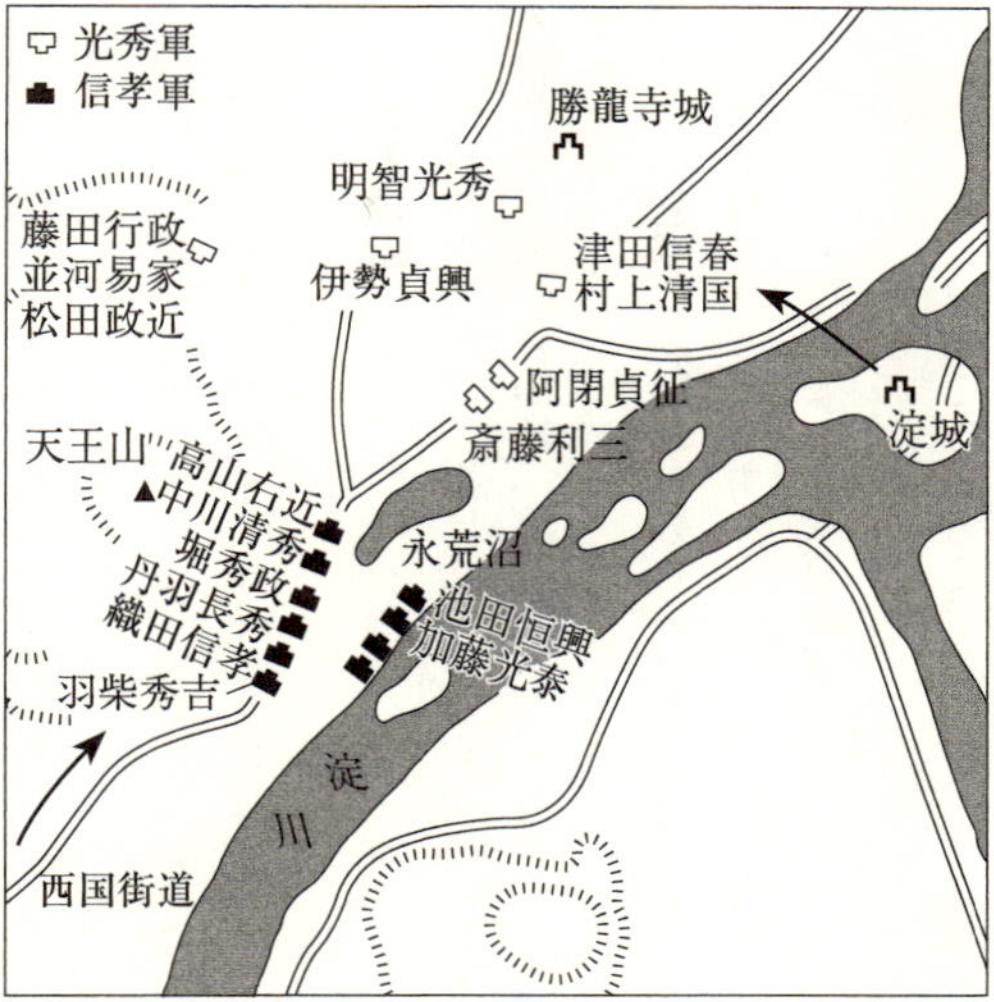

山崎の戦い

秀吉は、極端にいうならば、多数の軍勢を一挙に上方へ進めることができれば、それだけで光秀に勝てるとふんでいたのではあるまいか。あとは「中国大返し」を「神業」として大宣伝すれば、戦う前から敵の士気が衰えてしまうのは明らかであった。

　勝敗を決するのは情報と宣伝であることを、秀吉は自らの経験でよく知っていた。実際の戦闘は、山崎周辺の地形を知り尽くしている高山右近・中川清秀・池田恒興らの摂津衆や、総大将に祭り上げた信孝に任せておけばよかったのである。

光秀の最期

　敵が集結する前に仕掛けたほうが有利になると判断した光秀は、本陣を置いた下鳥羽《しもとば》（京都市伏見区）から山崎へ軍を進めた。合戦が十三日夕刻からになったのは、こうした理由による。

　しかし急ごしらえの軍勢であったため、秀吉方の最前線にいた高山・中川・池田などの摂津衆に反撃され、後退する羽目になった。当時の光秀軍の構成は、あくまでも参考史料であるが『太閤記』によると次頁の表のようになる。

『太閤記』は後世の「秀吉神話」のもとになった軍記物で、光秀の軍勢一万六千という数についても怪しいところがある。しかし、主立った部将は他の史料からみても、ほぼ間違いない。

　光秀の軍勢は、光秀直属の家臣のほかに近江衆と丹波衆、そして京都近郊を本拠地とする幕府衆というものであった。

配置	主要部将名	軍勢	備考
先手	斎藤利三、柴田勝定	2000余	柴田勝定は、柴田勝家の旧臣
加勢	阿閉貞征、阿閉貞大、池田秀雄、後藤高治、多賀常則、久徳六左衛門尉、小川祐忠	3000	近江衆
先備	松田政近、並河易家	2000	丹波衆
右備	伊勢貞興、諏訪盛直、御牧景重	2000	幕府衆
左備	津田信春	2000	津田信春は、織田信澄の重臣
旗本		5000	

山崎の戦いにおける光秀軍の構成

しかし近江衆のほとんどは、光秀が近江を平定した際に、やむをえず従った者で、本気で戦ったとは思えない。池田秀雄や小川祐忠《すけただ》などのように、山崎の戦いののちも処罰されず、豊臣大名となった者さえいる。秀吉も、その辺の事情を知っていたのであろう。

しかし、総数二千ともいわれる幕府衆は奮戦し、多くが討ち死にした。秀吉贔屓《びいき》の『太閤記』でさえ、彼らの戦死を「義死」あるいは「忠死」などと記し、最大限の賛辞を贈っている。

幕府衆が最後まで一丸となって死闘を演じたのは、彼らも光秀とともに足利義昭の帰洛と足利幕府の復興を願っていたからに違いない。

このような激闘はあったものの、全体としてみると山崎の戦いはあっけなく終わった。敗れた光秀は、勝龍寺城《しょうりゅうじ》(京都府長岡京市)に入った。そして、夜にまぎれて間道を坂本城に逃れるべく、わずかの供廻りとともに城を出た。これが、小栗栖《おぐるす》(京都市伏見区)で落ち武者狩りの農民に殺されるという惨めな最期につながったのである。一説には、五十五歳であったとされている。

当時の落ち武者狩りは、今日考えられているような夜盗、追い剝ぎのたぐいではなく、別に卑劣な行為ともみなされていなかった。武装した集団が横行する危険な戦国の世であるから、それぞれの土地の土豪に率いられた農民は、自らの村落を守るためにふだんから自衛態勢をとっていた。

したがって、合戦の勝者から領主に指令があれば、その命令で農民が敵と思われる武者を襲うのは当然だった。光秀にとっては無念だったろうが、彼らからすれば地域防衛の任務を果たしたにすぎないのである。

このことを見通して、秀吉がいち早く敵の後方一帯の領主層に指令を出し、村々に動員をかけていたとすれば、あまりに鮮やかな対応といわざるをえない。

4　信長を継ぐ者は誰か

対立する秀吉と勝家

明智光秀が敗死した山崎の戦いののち、天正十年（一五八二）六月二十七日に、尾張清須城（愛知県清須市）に織田家の重臣たちが集まって、信長の後継者を決める会議が開かれた。

この清須会議の結果、本能寺の変で亡くなった信忠の遺児・三法師《さんぼうし》（信長の孫、のちの秀信）を、織田家の後継者とすることが決まり、信長次男の信雄《のぶかつ》が尾張・伊賀の二国と南伊勢を、三男の信孝が美濃を支配し、それを羽柴秀吉・柴田勝家・丹羽長秀・池田恒興という重臣たちが補佐するという体制が発足した。

しかしこれは、信長政権の後期から始まっていた重臣たちの派閥抗争をおさめるものとはならなかった。不穏な空気のなか、信雄を支持する秀吉派と、信孝を支持する勝家派との争いが表面化した。

山崎の戦いに勝った秀吉は、いまや織田の家臣随一の実力者として天下人の座を狙っていた。三法師や信雄はその隠れ蓑にすぎなかった。一方、織田信孝と柴田勝家は、信長の事業を継承し、織田領を拡大することによって天下統一を成し遂げようとした。具体的には、関東を支配する北条氏を討つことである。

信孝は、天正十年八月二十六日付の木曾義昌宛の書状で、北条氏攻撃を指令している。また勝家は同年十月六日付の堀秀政宛の書状において、清須会議の決定を守り、織田家臣団の内輪もめを止めて、一致して北条氏にあたることこそ、信長への「御弔い」であり「一天下の誉《ほまれ》」であると説いている。

備後国鞆の浦にあった足利義昭は、こうした織田家中の情報をつかんでいたのであろう。

山崎の戦いののち、いったんは秀吉をたよって念願の帰洛を果たそうとした。しかし、彼も秀吉の野心を察したのか、それを止め、勝家と結ぶことにした。

勝家の側にも事情はあった。彼の場合、並ぶもののない存在となった秀吉との抗争に単独では勝ち抜けない。秀吉を圧倒するには、勝家の古くからの馴染みである滝川一益と勝家の甥《おい》の佐久間盛政、北国の大名である前田利家や佐々成政の力を借りなければならないし、さらにかつての敵である上杉氏・毛利氏・長宗我部氏あるいは和泉・紀伊の一揆勢力などの反信長勢力をも取り込む必要があった。

とりわけ秀吉の背後を衝《つ》くためには、毛利氏を味方につけなければならないが、それは同時に、毛利氏が保護している義昭をかかえこむことを意味したのである。

義昭の出した御内書によると、勝家は天正十年十一月二十一日までに義昭の「入洛の儀」の要請を了承している。勝家は信孝を支持しながら、義昭を政略的に利用するという、矛盾した行動をとったのである。

しかし、先手を打ったのは秀吉だった。天正十年十二月、秀吉は勝家の養子・勝豊が守る近江長浜城（滋賀県長浜市）を攻略した。さらに岐阜城の織田信孝を攻めて降伏させ、清須会議で信長の後継者に指名された三法師を信孝から奪って、安土城に入城させた。

この時期、織田信雄はすでに天下人になったつもりだった。その家老となっていた秀吉は、天正十一年正月十七日付の小早川隆景に宛てた書状で、同月二十三日に信雄が安土城に入り、織田氏の家督を継ぐことになったと告げている。

天正十一年の二月から、北伊勢で勝家方の滝川一益と秀吉の軍勢の戦いが始まった。秀吉の動きを牽制し、一益を援護するために、勝家は雪解けを待たずに越前北庄《きたのしょう》城（福井県福井市）を出陣し、琵琶湖の北へ軍を進めることにした。勝家が二月十三日付で吉川元春に宛てた書状によると、三月二十日以前に湖北に出陣すると告げている。

賤ヶ岳の戦い

天正十一年（一五八三）の三月から四月にかけて、勝家は毛利氏に何度か出陣を催促した。三月四日付で義昭の側近・真木島昭光に宛てた書状で勝家は、毛利氏が義昭を奉じて速やかに上洛戦を開始するように頼んでいる。義昭も、薩摩の島津義久に帰洛費用の援助を要請し、了承した義久は領民に臨時税（段銭《たんせん》）を課している。

勝家は、三月十七日に北国四ヵ国の軍勢を率いて湖北の賤《しず》ヶ岳《たけ》周辺に着くと、砦を築いて秀吉との対決に備えた。それに対抗するために秀吉も砦を築くが、本格的な戦いにはならず、両軍は約一ヵ月間も膠着《こうちゃく》状態を続けていた。

四月十六日、再起した岐阜城の織田信孝を攻撃するために、秀吉は美濃大垣城（岐阜県大垣市）に入ったが、四月二十日、柴田軍の攻撃開始の知らせを受けると、ただちに夜間をついて軍を返し、賤ヶ岳に戻った。

四月二十一日の賤ヶ岳の戦いは、秀吉が持ち前の機動力を生かし、柴田軍の不意をついたことで勝敗が決まった。総崩れとなって退却した勝家は、北庄城でお市の方（信長の妹、勝家の正室）とともに自刃した。

織田信孝は、信雄に岐阜城を包囲され、降伏して尾張内海《うつみ》に移ったのち、五月二日に大御《おおみ》堂寺《どうじ》で自刃した。滝川一益は、七月までに秀吉に降伏した。

勝家の敗因は、毛利氏を味方につけ、秀吉の背後を攻撃することができなかったことにある。毛利氏は、勝家と秀吉の双方から誘いを受けたが、家中の意志統一ができず、なんの行動も起こせなかった。

義昭も、大きなダメージを受けた。勝家に担がれたことは秀吉陣営に筒抜けだったから、賤ヶ岳の戦いののち、その政治的影響力は決定的に低下してしまった。特に、毛利氏をはじめとする諸大名を動員する権威を喪失したことが大きかった。将軍の大権である軍勢動員権が、義昭から実質的に消滅してしまったのである。これをもって「鞆幕府」は、最終的に崩壊したといってよい。

天下人・秀吉

賤ヶ岳の戦いの結果、織田信雄は、尾張・伊勢・伊賀の三ヵ国を領有し、伊勢長島城（三重県桑名市長島町）に本拠を置き、前田玄以《げんい》を京都奉行に任じて首都を支配した。

しかし信雄は、羽柴秀吉に担がれた存在だった。この頃、秀吉は小早川隆景に宛てた書状で、賤ヶ岳の戦いの勝利を伝え、「日本の治、頼朝以来、これに勝るものがあろうか」と、源頼朝を引き合いに出して自らの戦功を誇示している。信雄と決別して天下人をめざすことを宣言したとみるべきであろう。

その具体的な表れが、天正十一年（一五八三）九月から始まる大坂城の築城であった。大坂本願寺の跡地に、安土城をはるかに上回る天下第一の城を築くのである。そして秀吉は、その城下町に京の御所をはじめ五山以下の諸宗派の寺院の移転をおこないたいと、朝廷に遷《せん》都《と》を要請した。信雄の京都支配権を無力化しようとする露骨な意思表示であった。

次に秀吉は、義昭に接近した。その猶子《ゆうし》となって、十六代の足利将軍となろうとしたといわれる。天正十二年二月に、秀吉は足利義昭と連絡をとり帰洛を許しているからである。しかし秀吉の将軍任官は、義昭の血脈の断絶を意味したから、さすがの義昭も拒絶したのだろう。帰洛はかなわなかった。

こうした秀吉に我慢しきれなくなった信雄は同年三月、秀吉に内通したという理由で、自らの三家老（岡田重孝・津川義冬・浅井長時）を殺害した。そして徳川家康と連携し、さらに関東の北条氏政、北国の佐々成政、四国の長宗我部元親や、和泉・紀伊の一揆勢を引き込み、秀吉と一戦を交えることにした。これが小牧《こまき》・長久手《ながくて》の戦いである。

この戦いは、はじめは一進一退であったが、四月九日の尾張国長久手（愛知県長久手市）

の戦いで、秀吉方の池田恒興・元助父子や森長可《ながよし》などの有力大名が討ち死にし、野戦を得意とする家康の勝利となった。

この戦いでは敗北したが、秀吉には圧倒的な兵力があったので、正面対決を避けて迂回《うかい》作戦に切り換え、信雄の領国を攻めて家康を孤立させることにした。

結局、秀吉と信雄との戦いは、天正十二年十一月に講和が成立した。秀吉は、天正十三年二月に信雄を上洛させ、自ら権《ごん》大納言を辞任し、信雄を正三位《しょうさんみ》権大納言に推挙した。当時これは、武家の最高の官位であった。

信雄は、秀吉と同じ権大納言の位を望んだが、上洛に応じたことで、秀吉への臣従が明白になった。抜け目ない秀吉は、同時に家康を臣従させるために、信雄を交渉役に使っている。

こうして信雄は、わずか一年あまりで天下人の座から転げ落ち、羽柴−織田という序列が決まった。秀吉は、近衛前久の猶子となることで、天正十三年七月十一日に関白に任官して、名実ともに天下人となったのである。

エピローグ

聚楽第行幸《じゅらくていぎょうこう》

義昭は、依然として帰洛の望みを捨てていなかった。しかし天正十三年（一五八五）二月に、秀吉と毛利氏との領土交渉（中国国分）がまとまったことで、義昭の立場はますます苦しくなった。

ところが皮肉なことに、天正十四年八月から始まった豊臣秀吉の九州攻撃に義昭が協力したことで、帰洛の望みがかなうことになった。秀吉が、島津氏と友好関係にあった義昭に、講和の仲介を依頼したのである。

義昭は、同年十二月と翌十五年二月に近臣の一色昭秀を使者として島津義久のもとに派遣したが、二度とも拒否された。秀吉は、天正十五年三月に九州に向けて出陣したが、その途次、備後国赤坂（広島県福山市）で、義昭と会談した。九州攻めが終わったのちの義昭や島津氏の処遇を話し合ったのではなかろうか。

秀吉と対戦した島津氏は、緒戦で勝ったものの、その後は敗退を重ねて降伏した。その直後の天正十五年七月、義昭はかつての近臣・細川幽斎《ゆうさい》（藤孝）を津之郷の御所に迎えた。秀

盛大な行幸を描いた「聚楽第行幸図屏風」（部分。堺市博物館蔵）

吉の指示を受けた幽斎が、義昭の帰洛にかかわる相談のために訪れたのであろう。

義昭は、天正十五年十月までに備後を離れ翌年正月に出家して昌山道休と名のった。元亀四年（一五七三）に京を追われてから十四年後の帰洛であった。朝廷からは、皇后などに準ずる准三宮《じゅさんぐう》の待遇を受け、秀吉からは一万石を与えられた。太政大臣となった秀吉の新たな国家体制に、前将軍の義昭も組み込まれたのである。

秀吉の新体制が定まったのは、天正十六年四月十四日の天皇の聚楽第行幸であった。秀吉が行幸のために築いた絢爛豪華な聚楽第に後陽成《ごようぜい》天皇の一行が到着しても、秀吉はまだ御所を出ていないというほど大規模な行幸であった。

翌十五日には、聚楽第において臨席した大名から天皇へ起請文が提出された。織田信雄や徳川家康をはじめとする六名の大大名と、長宗我部元親など二十三名の豊臣大名が、秀吉への命令遵守《じゅんしゅ》を誓約した。義昭は十六日に聚楽第で催された和歌会に出て、秀吉の二番前に和歌を詠んだ。義昭は秀吉の権威を飾り立てるだけの存在になってしまったのである。

中世の終焉《しゅうえん》

義昭の帰洛をもって、秀吉のもとにすべての領主が臣従し、後の朝鮮出兵へと続く軍事専制国家の基礎が築かれた。そして、この時期までに本能寺の変に深く関わった人々も、豊臣政権の協力者となっていた。

近衛前久は、秀吉を猶子とし関白に任官させたことで、政権内に一定の地歩を占めた。一見、風見鶏のようにみえる前久の行動は、信長の側近であった時から、朝廷擁護という点では一貫していた。

教如は、天正十三年（一五八五）に秀吉の北国遠征に従ったのち、大坂天満《てんま》で本願寺の再建にあたった。彼は、秀吉に協力することによって教団の生き残りを図ったのである。

こうして本能寺の変によってもたらされた政治的激動はおさまり、それとともに中世は終焉を迎えたのであった。

なお義昭は、天正二十年三月における秀吉の肥前名護屋《なごや》城（佐賀県唐津市）への出陣に、三千五百人の軍勢を率いて従軍している。このように、老いてなお意気軒高ぶりを示した義昭だったが、これが最後の晴れ舞台となった。

義昭は、やがて腫れ物を病み、慶長二年（一五九七）八月二十八日に大坂で六十一年の波乱の生涯を閉じた。翌月八日に近臣の真木島昭光らが、亡骸《なきがら》を将軍家の歴代墓所・京都等持院（京都市北区）に葬った。義昭の子息たちは、僧侶として人生を終えたことから、その血脈は途絶えた。

「鬼神」義昭

本書を執筆中に関係先をいくつか取材・調査したが、そのなかで特に印象的だったのは、福山市教育委員会や地元の方々のご厚意で、義昭が過ごすことの多かった津之郷の御所跡に建つ惣堂《そうどう》神社（広島県福山市）を見学できたことだった。

案内してくださった方のお話によれば、惣堂神社の地はもともと「吉成寺《きちじょうじ》」とよばれており、義昭が津之郷に来る前は寺院であったという。祭神については、菅茶山《かんちゃざん》の『福山志料』によると足利義昭とされている。特別の計らいで本殿から出していただいたその木像は、高さが約三十五センチメートルの一木造りで、かつては彩色が施されていたことがわかる貴人像であった。

上級武士の正装である束帯《そくたい》姿に、あご髭をたくわえ、眼光鋭い精悍な相貌から、伝えられるように義昭の像とみてよいと思う。この木像は、京都等持院に安置されている柔和な表情の義昭像とは明らかに違っている。また素人目にも、仕上げが粗く、とてもプロの仏師の手によるものとはいいがたい。

この祭神が、伝承通り義昭とするならば、義昭が京に戻るため津之郷を去ったあとから、あるいは遅くとも死去した慶長二年（一五九七）からほど遠くない時期に、津之郷周辺の人の手で彫られたものと思われる。

ではなぜ、義昭が祭神とされたのだろうか。当時の地元の人々にとって、現職の将軍は雲の上の人で、畏《おそ》れ多い存在だっただろう。しかし、だからといって信仰の対象になるとは限

足利義昭像。上は惣堂神社の木像。下は等持院の木像。

らない。

それを解くヒントは、義昭像の頭部にあった。そこには、二本の角のようなものが生えている。当初は、冠《かんむり》の簪《かんざし》かと思っていたが、前頭部にあることから、角と見るほうが自然である。

すると義昭は、鬼神として祀《まつ》られたのではないか。失意の将軍を慮《おもんぱか》った地元の民衆が、彼の魂を鎮めるためにこの像を作ったとも考えられるのである。非業の死を遂げた貴人の鎮魂のために、それを祭神として祀る「御霊《ごりょう》信仰」が古くからおこなわれている。

地元の人々にとって、政治の表舞台への復帰をめざす義昭の凄まじい執念が、ある種の共感をもって伝わっていたとも思われるのである。

本能寺の変の影響

天下統一を目前に控えた信長は、ポルトガルやスペインなどの南欧勢力の進出に対して、キリスト教世界に君臨するローマ教皇から、日本における最高権力者であることを認知される必要があった。

信長は、誠仁《さねひと》親王を庇護し、その皇子・五宮を猶子として天皇家と一体化し、さらには安土行幸をおこなおうとするなど、天皇の権威を相対化することで、王権を実質的に奪うことを画策していた。

このような時に起こった本能寺の変の衝撃は、その後継者をめざす秀吉の政治方針に強い影響を及ぼした。秀吉は、信長の政策を積極的に受けついだが、一方では、自らが従一位関白太政大臣に就任し、朝廷をはじめとする既成権威に手をふれようとはしなかった。彼は、それを徹底的に利用することで、短期間のうちに政権を握ったのである。

彼は、天皇の綸命《りんめい》（命令）を奉じて「天下静謐」を実現するという戦国大名に対する停戦令や、家康を従二位権大納言に任官させたような、外様大大名を政権に参画させるための武家官位制を導入した。この路線の延長線上に、「日本は神国」として朝鮮をはじめとする東アジア諸国への「征伐」の論理が仕立てられた。

本能寺の変による信長の改革の挫折《ざせつ》は、のちの江戸幕府の朝廷政策はもとより、幕末・維新の変革、さらには第二次世界大戦後の占領軍による民主化のありかたにまで影響を与えたのではなかろうか。権威構造を根底から変える大変革は、信長以降、今日に至るまで、ついに試みられることがなかったのである。

かつて哲学者の和辻哲郎は、信長にみられる「世界への視圏を開こうとする衝動」や「伝統破壊」を高く評価し、秀吉・家康以降の為政者の「精神的怯懦《きょうだ》」を繰り返し批判した。

本能寺の変の影響は、いまだ払拭《ふっしょく》されていないと筆者は思うのである。

おわりに

本能寺の変は誰にとっても魅力あるテーマなのであろう。これまで専門家だけでなくさまざまな人が、この変に関してそれぞれの説を唱えてきた。

筆者も政治史の視点からこの変に注目して、雄山閣出版から『本能寺の変の群像——中世と近世の相剋』（二〇〇一年）を刊行し、中日新聞に「天下人の構造改革——信長から秀吉へ」（二〇〇二年九月〜二〇〇三年五月）を連載した。本書は、これらを踏まえて新たに書き下ろしたものである。

拙著にあった不備を改めたところもあるが、足利義昭が本能寺の変に中心的役割を果たしたとする筆者の立場は変わっていない。読者の忌憚《きたん》のないご指摘・ご意見をいただきたいと願っている。

なお、本書を執筆するため、本能寺の変に関係するいくつかの地域に取材・調査をおこなったが、貴重な史料をお持ちになる方や地元教育委員会を含めた多くの方々に、ひとかたならぬお世話になった。心からのお礼を申しあげたい。

また、長谷川博史氏をはじめとする広島大学の皆さんによる『鞆《とも》の浦《うら》の歴史　福山市鞆町の伝統的町並に関する調査研究報告書Ⅰ』（福山市教育委員会　一九九九年）からは、多くの示唆を得ることができた。この労作に敬意を表するとともに、開発の波にさらされようとしている風光明媚な鞆の浦の歴史的な景観が、長く保存されることを心から祈っている。

最後に、編集でお世話になった講談社現代新書出版部の田辺瑞雄氏に謝意を表したい。

二〇〇三年九月　　　　　　　　　　　　　　　　　藤田達生

補章　「本能寺の変」研究の現在

1　北国情勢と光秀与同勢力

勝家の北庄《きたのしょう》帰陣

本能寺の変に関する謎は、いまも少なくない。なかでも、なぜ秀吉が最前線の備中高松（岡山市）から上方に帰還するまでの十日もの期間、畿内周辺に留まった信長の一門衆や重臣たちが、光秀討伐に向けて動くことができなかったのかについては、大きな謎である。

わけても、北国の三ヵ国の軍団を無傷で温存した柴田勝家が、六月九日に越前北庄城に帰陣できたにもかかわらず一歩も動くことができなかったことは、最大の謎といわざるをえない。このたび、関係史料に接し、この謎が氷解したので、ご紹介することから始めたい。

関係史料とは、「溝口文書」（個人蔵）に含まれる史料三点である。*現代語訳を掲げて、それぞれの内容と意義について解説したい。

史料①（天正十年）六月十日付溝口半左衛門尉・同久介宛柴田勝家書状

（本文）

天下の形勢はいたしかたないことで、言語に絶するばかりです。拙者（柴田勝家）は越後方面で戦働きをしてすべて思うに任せた時に、このようなこと（本能寺の変）が勃発しましたので、北国の仕置をしっかりと命じて、昨日六月九日に越前北庄城に帰陣しました。丹羽《にわ》長秀は大坂に在城しているとのことです。特に織田信澄殿を、諸将が相談されて殺害したとのこと、まずは当然のことと思います。明智光秀のことですが、近江にいると言われています。諸方面の織田家の部将が協力してきって上り、ただちに（光秀を）討ち果たすべきです。そのうえで、上様（織田信長）のご生前のような心構えを育むことは考えのとおりです。特にその思いを丹羽長秀に書状で申しました。たしかに（拙者の思いは）伝わるでしょう。貴殿の国（若狭）は隣国であります。長秀が大坂在城ということですので、もしも牢人衆を蜂起させようとする族《やから》がいたならば、注進していただきたい。すぐに軍勢を派遣するように命じます。まったく疎意なくご奔走致します。「御朱印衆」と十分に相談されて、諸城をしっかりと守ることが第一です。なお木戸順元より副状で申し

*本史料については、溝口秀雄氏（所蔵者）と富澤信明氏（新潟大学名誉教授）のご好意および山下達也氏（NHK記者）のご仲介によって実見する機会を得た。関係者の皆様には、ここに記して感謝申し上げる。

上げます。

（追伸）

なお、溝口秀勝も留守とのことですので、一切心にかけて励まれることが第一です。

史料①は、柴田勝家が、（天正十年）六月十日付で溝口秀勝の居城若狭高浜城（福井県高浜町）の留守居であった溝口半左衛門尉（勝吉）と溝口久介に宛てた書状である。寸法は、縦九・四センチメートル、横五一・〇センチメートルで、小ぶりで極秘内容を記した書状、つまり密書といってよいものである。

まず、前提として丹羽長秀と溝口秀勝との関係についてふれておきたい。当時の長秀は、若狭国主で同国後瀬《のちせ》山《やま》城主だった。天正十年（一五八二）六月二日に予定されていた四国出陣に際して、神戸信孝を首将とする四国攻撃軍の副将として若狭衆を率いて大坂に結集していた。ところが、同日未明に勃発した本能寺の変によって身動きがとれなくなり、信孝とともに築城中の大坂城に入城した。

秀勝は、尾張衆であり長らく長秀に仕えていた。天正九年には、信長から断絶した逸見《へんみ》昌《まさ》経《つね》の旧領のうち五千石を預けられて織田家直臣になり、若狭高浜城主として長秀を支える与力衆となった。本能寺の変の時期には、長秀とともに大坂に入城していた可能性もあるが、長秀の大坂在城を知らせていることから確定はできない。溝口氏の家譜では、紀伊国雑賀鷺《さぎ》森《のもり》（和歌山市）にいたとすることを参考までに記しておきたい。

史料①の冒頭で、勝家は「天下の様子是非なき次第、言語に絶する計《ばか》りに候」（以下、史料引用は読み下し文とする）と、本能寺の変に関する見解を述べたうえで、越後に侵入して勝利した時点で本能寺の変の情報を得て、六月九日に本城である越前北庄城に帰陣したことを記している。丹羽長秀が大坂に在城していること、光秀の女婿織田信澄を諸将相談のうえで殺害したことが続く。確かに、信澄は六月五日に大坂城二の丸千貫櫓《せんがんやぐら》で殺害されている。

明智光秀が近江にいるので、諸口つまり大坂をはじめとする諸地域の織田家の部将たちが相互に連携・協力して、一刻も早く討ち果たしたい、そのうえで、信長在世時のように戻したいと語っている。このような勝家の意志を、書状で長秀に伝えていることを記している。

さらに、もし牢人衆（かつて守護武田氏に仕えていた者たちであろう）が蜂起したならば連絡してほしいこと、速やかに軍隊を派遣して鎮圧するであろうこと、「御朱印衆」（信長から朱印状で長秀に付けられた与力衆か）と意思疎通をよくして、高浜城を維持することが大事であることを伝えている。

光秀の北国対策

このように、史料①では勝家が大坂方と連携をとって光秀討伐をめざして順調に動いているようにも読める、それは事実であろうか。これについては、史料②を検討したい。

史料②（天正十年）六月十一日付溝口半左衛門尉・同久介宛木戸順元副状

昨日（六月十日）にご返事を申し入れました。ただ今、勝家からお二人と若狭の国人衆への書状を遣わしました。高浜城のことについては、疎意のないようにとの文章です。

一、大坂方面の若狭国人衆に勝家からの書状を遣わしました。北庄城からの通路は不通になっています。高浜城からはたしかに通路が確保されているでしょう。溝口秀勝までお届けいただけないでしょうか。この書状が（大坂方向に）届けられたならば、諸方面の織田家の部将が一致するというのが（勝家の）本意ですので、ぜひとも心がけていただけたならばありがたいということで、私から詳しくお伝えせよとの主旨です。

一、先書で申し上げたように、高浜城は堅固ということですので、今は維持されるのがもっともなことです。なるほど、維持できなくなったならば、ご返事の内容次第で加勢として拙者が参ります。勝家は一段と気合いを入れていますので、その様にご理解下さい。このご返事で、（そちらの）確かな状況をお知らせ下さい。

一、「女房衆」のことにつきまして、このご返事で求められ次第お迎えを遣わします。しかし高浜城を維持するために、今の情勢のなかで退城されることはいかがかと存じます。重ねて一書をお待ちしています。

関係史料である史料②は、勝家の側近木戸順元が（天正十年）六月十一日付で溝口半左衛門尉と同久介に対して認《したた》めた副状である。史料①②は、セットの関係にあり、溝口半左衛門尉ら高浜城留守居衆に一緒に届けられたと思われる。寸法は、縦八・二センチメートル、横四五・三センチメートルであり、これも密書と言ってよい形状である。

第一条からは、本能寺の変から九日経ったこの段階においても、北庄城と大坂城方面が不通になっていることが判明する。大坂に留まっている若狭国人衆への六月十日付勝家書状を、史料①②と一緒に高浜城に送っていることがわかる。

「此方（北庄城）より通路これ無く候、其方（高浜城）よりハ定てあるべく候」と、北庄から近江路を抜けて大坂に向かう街道の確保ができていない窮状を記し、高浜城からならば通路確保が可能だから、溝口秀勝に勝家書状を届けてほしいと依頼しているのである。

勝家方は、高浜城から大坂方面の通路は確保できると認識していることがわかるのであるが、これは、大坂方の書状が丹波→丹後→若狭と迂回して北庄に届けられたからではあるまいか。光秀の軍隊の大半は山城・近江に展開していたのであって、領国である丹波については主要城郭周辺以外は手薄だったのだろう。

史料②で興味深いのは、「たとへは巡礼ニ御さた《沙汰》候て成り共、御届け候て給うべく候」すなわち巡礼に命じて書状を届けてほしいとまで記している点である。勝家方の書状が大坂に届いたならば、諸口の軍勢の連携がとれて足並みが揃い、光秀を成敗することができると確信しており、そのために協力してほしいと要請しているのである。

第二条においては、高浜城を維持してほしいと伝えている。この返書次第では、木戸氏自身が加勢するとまで記している。第三条で「女房衆」（溝口秀勝夫人とその関係者たちか）の救援についてふれていることからも、溝口半左衛門尉らが籠城状態だったと推測される。

若狭から北近江にかけての地域において、光秀方勢力は実力を発揮していたのである。これが、街道を塞ぎ北庄城―大坂城間の意思疎通や情報共有を遮断したため、勝家が近江めざして出陣できない最大の要因となったのである。これは、大坂方にとっても同様に作用したと推測される。

なす術がなかった勝家

史料③（天正十年）六月十五日付寺西次郎太郎・溝口半左衛門尉・溝口久介宛柴田勝家書状写し

以前から申していることではありますが、高浜城方面の情勢が不安定であるとの情報がありますので、陣中見舞いとして再び思うところを申し含めて木戸順元を派遣しました。他の若狭衆へも、それぞれに使者を派遣しました。さて、近江路に向けて明日、柴田勝豊・佐久間盛次・柴田勝政に足軽衆を加えて派遣します。拙者については、能登・越中（の与力大名）へ情報を伝えたうえで、早速抜かりなく出陣します。木戸順元が申しますので、委細については申し上げません。

史料③は、勝家が（天正十年）六月十五日付で寺西次郎太郎・溝口半左衛門尉・同久介ら高浜留守居衆に対して指示を与えた書状の写しである。原本は、大阪城天守閣が所蔵しているが（縦一一・五センチメートル、横四三・七センチメートル）、異同個所はなかった。*

これは、勝家が進軍するに際して、高浜籠城衆に側近木戸順元を派遣した際に持たせた書状である。能登の前田利家と越中の佐々成政に断りを入れてから出陣することが記されているが、利家に宛てた書状に対する返書がたしかに伝存している。

それが、（天正十年）六月十七日付柴田勝家宛前田利家書状写し（中村不能斎採集文書）である。それによると、六月十六日に得た勝家書状に対する返書であることがわかる。利家は、勝家からの情報として山崎の戦いにおいて光秀が討ち死にしたことを記したうえで「大慶（めでたい）」と表現している。本来なら一緒に出陣するべきではあるが、国許で一揆が蜂起しそうなので遠慮させてもらいたいと記されている。

*大阪城天守閣のご協力に感謝申し上げる。

とするならば、勝家は史料③の記された六月十五日の段階で、山崎の戦いの情報を得ていたことになる。大戦のあった六月十三日以降は、ようやく街道の封鎖も解けて使者の往来が復活していたのである。勝家は出陣を開始し、六月十八日付で現在の長浜市域に相当する近江坂田郡加田荘に禁制を掲げている（小川武右衛門氏所蔵文書）。

山崎の戦いのあった天正十年（一五八二）六月十三日段階においても、勝家からは直接大坂方との連絡が取れていなかった。しかも隣国である若狭では、武田氏牢人衆ら光秀方勢力の蜂起が憂慮される不安定な情況だった。

そのなかで勝家は、高浜城留守居の溝口半左衛門尉ら若狭衆に接近して、大坂への通路を確保するとともに、武田氏牢人衆の蜂起を警戒していた。大坂城と連絡がとれない情況下で、やみくもに出陣することを避けたのだろう。かりに出陣したところで、後方から牢人衆に襲われる可能性があるのでは、とても近江に向けて進軍する決心はできなかっただろう。

結局、勝家が山崎の戦いの情報を得たのは、戦争が終わって近江路の封鎖が解かれてからのことだった。その直後の六月十五日、北国の軍勢を引率して出陣を開始したのであった。

勝家の若狭衆懐柔

若狭国吉城（福井県美浜町）の粟屋勝久・家勝父子に関する史料が二点伝来している。これについては、すでに拙稿（「柴田勝家と本能寺の変――北国における織田体制」）や拙著

『天下統一』で紹介しているが、ここでは新出史料とあわせて検討して、当時の柴田勝家の置かれた情況について考察してみたい。

まずは、史料①と同日の六月十日付粟屋家勝宛柴田勝家書状の現代語訳である。

史料④（個人蔵、岐阜市歴史博物館展覧会図録『織田信長と美濃・尾張』所収写真）

（前欠、越後方面で戦働きをして）すべて思うに任せましたところ、このようなこと（本能寺の変）が勃発しましたので、北国の仕置をしっかりと命じて、佐々成政は越中、前田利家は能州（に帰して）、昨日六月九日に越前北庄城に帰陣しました。丹羽長秀は大坂に在城しているとのことですので、それぞれが示し合わせてそちらの国（若狭）をしっかりと維持される時です。隣国のことですので、御用のことがありましたらご遠慮なさらないで下さい。高浜留守居中へもこの旨を申し遣わしました。もしも牢人衆を蜂起させようとする族がいたならば、ご注進次第に軍勢を派遣し成敗いたします。お父上（粟屋勝久）へも別便で手紙をお届けしましたが、同様の内容です。（粟屋氏は）御当家（織田家）に対してとりわけ御恩のある御身上ですので、このたびは無二の心構えが大切です。丹羽長秀と拙者は、必ずや力の限り努力する覚悟です。くれぐれもあなた様にとって困難なことがありましたら、いつでも承ります。油断なく軍事行動に移ります。なお木戸順元と中村徳庵が申すでしょう。

本史料は、史料②に記されている若狭衆の懐柔のために認《したた》めた、六月十日付勝家書状のうちの粟屋家勝宛のものである。前半が史料①と同様なのはそのためだ。粟屋氏は、若狭守護武田氏の旧臣で、家勝は国吉城で留主居をしていたのである。当時は丹羽長秀家臣で、本史料に示されているように、勝家は家勝と情報交換しつつ、父親勝久とも連携しようとした。

押さえておきたいのは、溝口氏と粟屋氏との関係である。前述したように、溝口氏は長秀と尾張時代以来関係が深い。しかも、信長から付けられた与力衆である。勝家が、高浜留守居衆を頼っているのはこのような背景があるからであろう。それに対して、粟屋氏は有力な若狭国人ではあるが、溝口氏よりは格下とみられる。

ここで注目したいのは、文中で憂慮されている牢人衆の蜂起についてである。史料②の第二条や第三条で高浜城が孤立しつつあった可能性を指摘したが、武田氏牢人衆が蜂起するような情況のもと、粟屋氏の国吉城も含めて若狭一国はきわめて不安定な情況にあり、勝家は必死に粟屋氏ら国人をつなぎ止めようとしていたのではなかろうか。

武田氏の当主元明は、かつての若狭守護の面影はなく、信長の命令で丹羽長秀の与力として命脈を保っていた。天正九年（一五八一）には、信長から逸見氏の旧領のうち三千石を預けられている。しかし本能寺の変の情報に接するやいなや、光秀方に与《くみ》して若狭衆を組織して近江へと出陣し、長秀の佐和山城を落城させた。また正室竜子の兄（弟との説もある）にあたる北近江の京極高次も同時に蜂起して、羽柴秀吉の長浜城を攻撃している（一二四頁）。
なお、彼らが光秀に呼応したことに関係して指摘したいことがある。それは、永禄十三年（一五七〇）の信長の朝倉氏攻撃に際して、信長に先だって若狭熊川城（福井県若狭町）に向かい、そこで「武田家老中」と会っており（三宅家文書）、面識があった。元明の母は、足利義晴の息女だった。つまり将軍足利義昭とは、従兄弟関係にあった。高次の従兄高成も、義昭側近として備後国鞆の浦にあった。このように、彼らが義昭とごく近い関係にあったことも看過できない事実である。

勝家の対光秀戦略

続いて、内容から六月十三日もしくはそれとほど遠からぬ日に作成された後欠書状の現代語訳を長文ながら掲げよう。

史料⑤（個人蔵、岐阜市歴史博物館展覧会図録『織田信長と美濃・尾張』所収写真）

六月九日付の貴殿からの書状が十二日戌刻（午後十時ごろ）に下着《げちやく》し、拝見して満足いたしました。こちらからは十日に書状をお送りしました。通路がすべて不通でしたので、高浜城の溝口秀勝の留守居衆まで遣わしました。必ずやそれは貴殿のもとに届くでしょう。
一、その方面（大坂）、和泉・紀州、中国そのほかの地域もしっかりと準備が調った旨、お手紙には詳しく明らかですので、拝見して了解し、十分に満足いたしました。それにつきましては、重ね重ねご返書に及ぶまでもありません。

一、こちらから申しましたが、さらにお手紙を差し上げます。越後方面のことについて、上杉景勝が後巻き《うしろまき》（後詰）として至近まで出陣してきましたので、景勝の在陣中に松倉城を落としました。その夜に景勝は敗退したので、越中魚津城へは六月三日卯刻（午前六時ごろ）に乱入し、城中に一人も漏らさず二千余人を討ち果たし、そのうちの大将首を信長に進上しました。その後は黒部を通過して越中宮崎城を攻撃しようとしていた時に、敵は五日の夜に逃散しました。それからは拠点を守備する城郭はすべて敗退しましたが、六日にこのこと（本能寺の変の情報）が注進されましたので、前田利家と佐々成政と相談して越中の仕置を成政に任せておこない、利家は能登、拙者は越前北庄城に九日に帰陣しました。十日には方々の侍たちに出陣の準備をさせましたが、早速彼らから（従軍したい）思いなどを申し越してきました。

一、織田信澄の殺害については、諸方から情報がありました。お手紙でたしかに承り、まずは、第一のご選択であったことを了解しました。

一、光秀については、重々過分の恩賞にあずかってきましたのにこのような次第で、言葉もないことでなかなか表現するに及びません。光秀退治については、前書で申し入れましたように、一刀なりともぜひとも精一杯努力して討ち果たすべきことは当然のことですので、諸所（の攻撃軍）を揃えて、特に信孝様は大坂に在城されていますので、承りましたよう諸所の攻撃軍が一致し、すぐに悪逆（光秀）を踏み殺すことは天道ですので、御手間はいりません。なおのこと油断なく、作戦を遂行することが第一です。

一、家康は帰国して、数日のうちにすぐ出陣されるということは、もっともなことです。

一、近江のことは、光秀方に傾いているという情報がありますが、北庄から出陣して討ち果たすことは任せていただきたい。すぐに出陣し（光秀を退治した後に）、必ず直接ご相談して（信長の）ご在世中の政治を守り、諸氏との相談のうえで、四海御静謐（国内が平和になること）については必ず実現するでしょう。前田利家や佐々成政へも挨拶状を届け、能登・越（中）（後欠）

内容から、差出人は柴田勝家と断定される。史料①で勝家自身が語っている内容と合致するからである。史料①⑤ともに、これまで不明だった変直後の北国衆の動向の詳細が記されており貴重である。

特に史料⑤第二条にみえるように、勝家が魚津城落城の後、北上して越後国境の宮崎城（堺城、富山県朝日町）を落としたことは興味深い情報である。史料①には「拙者（勝家）越後表に相働き悉《ことごと》く存分に属し」と、さらに越後まで侵入していたというが、関係史料からは疑わしい。

宛所は、冒頭部分から大坂に在城していた粟屋勝久とみるべきだろう〔金子二〇一六〕。冒頭の「九日の御状十二日戌刻に下着し拝見し本望に候、これより十日ニ誓状申せしめ候、路地一円ニ通られず候条、高浜溝金右（溝口秀勝）の留守居まで遣し候、定て参着するべき事」に注目したい。

北庄から粟屋氏の居城国吉城は直線距離で約六十キロメートル隔たっているが、高浜城よりはるかに近い。約四日もかかって届けられるというのは不自然であるから、やはり大坂城の粟屋勝久である。

したがって、九日に大坂城から派遣された使者は北庄城に着いたが、十日に北庄から派遣された使者は途中から戻ってきたとみるべきである。近江路が不通となっていたのであろう。史料②でみたように、そのためにわざわざ迂回して若狭路を開拓しようとしたのであった。大坂方の使者がほぼ四日もかかっていたことから、山城・近江路の封鎖を懸念し、遠回りをして北庄に到達した可能性が高いのである。

次に注目したいのは、第四条である。勝家は、大坂城にいる織田信孝を推戴して、畿内諸地域に散在する織田家臣団が包囲網を形成して光秀を討ち取ることを構想している。これは、史料①の「諸方面の織田家の部将が協力してきって上り、ただちに（光秀を）討ち果たすべきです」とも符合する。第六条では、自らは出陣して近江の光秀与党を討ち果たすことを宣言している。

このようにみると、勝家の光秀攻撃のための作戦は、史料①の六月十日の時点と史料⑤の時点（六月十三日ごろ）で変わっていないことがわかる。情報が入らなかったため当然のことではあるが、これが秀吉との決定的な違いとなってくる。勝久からの書状が到着した「十二日戌刻」には、山崎の戦いの前哨戦が始まっており、翌日には雌雄が決していた。

このように、勝家と秀吉における情報収集能力の差が、後の二人の運命を決定づけたといえよう。勝家は、六月十三日の山崎の戦いには参陣できなかった。その後は織田信孝を奉じ、また戦略的に毛利氏を与党に引き込むために、備後国鞆の浦の将軍足利義昭に接近した。しかし、本能寺の変への初動の遅れが致命的で、ついに信長亡き後の政局の主導権を握ることができないまま、翌年四月の賤ヶ岳の戦いにおける敗戦を迎えることになった。

本能寺の変と北国情勢

新たな史料群の発見によって、はじめて柴田勝家の動きが明らかになった。ここで、あらためてその論点についてまとめてみたい。

勝家ら北国衆が、越中魚津城を落城させ、さらに越後国境に近い越中宮崎城を落としたという。勝家は、六月六日に本能寺の変の情報を得て退却したが、あわせて春日山に迫っていた信濃（首将森長可）・関東（首将滝川一益）の軍隊も退却したことで、上杉氏は滅亡の危機を避けることができ、反転攻勢の動きをみせた。

柴田勝家の越前北庄城への帰陣が、六月九日だったことが確認された。北庄と大坂を結ぶ近江路が不通だったので、翌十日に若狭高浜城を経由して、丹後→丹波→摂津のルートで丹羽長秀や溝口秀勝そして粟屋氏以下の若狭衆に対する書状を届けようとした。

しかし、山崎の戦いの時期まで通路を確保できなかったため、十分な情報を得ることができなかった。大軍を擁し畿内に近い場所にいたにもかかわらず、勝家が光秀を討ち取ることができなかった理由は、情報収集が不十分だったことと、あまりに慎重すぎたことにある。

光秀方勢力による近江路の封鎖は、成功していたことが確認された。大坂方も勝家方の情報が入らないことには、容易には動けなかった。膠着《こうちゃく》状態を打ち破ったのが、秀吉の京都をめざす爆発的な進軍だったと言わざるをえないのである。

したがって秀吉の「中国大返し」さえなかったら、上杉氏の反転攻勢（前田氏領国では呼応する動きがあった）や近江で展開していた若狭武田氏や京極氏の光秀への協力、長宗我部氏の摂津進軍とそれを支える菅氏ら淡路水軍の蠢動《しゅんどう》、さらには将軍足利義昭の帰洛への動きも予想され、光秀による室町幕府再興の可能性も十分にあったと推測される。

勝家が上方へ向けて出陣を開始したのが、山崎の戦いの後であったことが確認された。信長の弔い合戦に間に合わなかったことが、勝家の政治的な地位をおとしめ、結局は翌年の賤ヶ岳の戦いにおける敗戦につながったといえよう。以上をふまえて、勝家の本能寺の変直後の動向をまとめたい。

柴田勝家の動向

日	事項
〈6月〉	
3	卯刻（午前6時ごろ）に越中魚津城を落とす【史料⑤】（佐野家旧蔵文書）。
6	本能寺の変の情報を得る【史料⑤】。
8	上杉景勝、上方凶事により、越中在陣の柴田勝家ら悉く敗軍の旨を色部長実に伝え、自身が出陣することを伝える（別本歴代古案）。
9	越前北庄に帰城する【史料①④⑤】。
10	溝口半左衛門尉ら高浜留守居衆に情勢を報じ、協力を依頼する【史料①】。粟屋家勝ら若狭の国人衆に書状を認める【史料④】。
11	木戸順元が、高浜留守居衆に対して大坂城に勝家書状を届けるよう依頼する【史料②】。
12	戌刻（午後10時ごろ）に、9日付の、大坂城の粟屋勝久から上方情勢を報じた書状が届く。
13カ	粟屋勝久に自らの行動を報じ、協力を要請する【史料⑤】。
15	山崎の戦いの情報を得て、高浜留守居衆に対して上方に向けて出陣することを告げる【史料③】。
17	前田利家、勝家に出陣を遠慮することを伝える（中村不能斎採集文書）。
18	近江坂田郡加田荘（滋賀県長浜市）に禁制を掲げる（小川武右衛門氏所蔵文書）。

27 清須会議がおこなわれる。織田信孝の勧めで、お市の方を娶る。

秀吉の情報ルート

史料②第一条に記されているように、勝家方が大坂方との交信に用いようとしたのが、若狭から丹後・丹波経由の迂回経路だった。これに関連して、本篇で指摘した六月五日時点における羽柴秀長と丹波夜久氏との交信について再検討してみよう（一四一～一四二頁）。

但馬を領有していた秀長が、変の後いち早く姫路から北上して領国を経由して丹波に入り、長浜まで使者を到達させていたと想定したが、丹波からは丹後↓若狭↓北近江へと向かっていた可能性を指摘したい。その理由として、（天正十年）六月八日付松井康之宛杉若無心副状写し（松井家譜）本文の現代語訳を掲げよう。

史料⑥

中国方面のことについて、吉川元春と小早川隆景の人質をしっかりと決定し、三ヵ国（備中・美作・伯耆）を当方に渡され、六月六日に姫路に到着し、秀吉が帰陣された。秀長は貴殿と入魂の間柄ですので、万事粗略には扱われません。そのために書状をもって申し入れられました。明日の六月九日には、上方へ向けて総出陣します。なお、またお手紙を差し上げます。（以下略）

本史料からは、秀吉が光秀のもっとも信頼していた丹後宮津城（京都府宮津市）の細川氏と接触していたことがわかる。秀吉は側近杉若無心を使って細川藤孝の重臣松井康之に接近し、毛利氏との有利な講和を実現し、六月六日に無事姫路まで帰着したことを告げている。

なお、無心は元は越前の朝倉氏家臣で、その息女は丹羽長秀の正室だった。当然、丹後・若狭方面には地理案内はもとより、人脈など様々な点で強いであろうし、なによりも大坂方の実力者長秀との関係は抜群である。

本能寺の変直後、光秀方だった筒井氏が赦免されたのは、秀吉の求めに応じて離反したからである。これに対して、山崎の戦いに参陣せず丹後に留まった細川氏は、敵方与同の罪でただちに改易される可能性があった。それにもかかわらず、七月十一日付で秀吉が同氏に対して、全面的に協力してくれたことを感謝するとともに、今後の処遇の保全を請け負うことを誓った起請文（細川文書）まで提出している。

細川藤孝は、足利義昭の側近であったにもかかわらず、元亀四年（一五七三）二月から三月にかけて信長に京都や将軍方の情報を注進して信長方へと身を処し、細川から長岡に改姓している。本能寺の変直後には、剃髪《ていはつ》し幽斎玄旨《ゆうさいげんし》と号して隠居し、家督を子息の忠興に譲った。このような機を見るに敏なる処世術も、実に彼らしい。そのように選択したのは、杉若無心から秀吉の意向を聞いたからではなかろうか。

以上から、若狭方面の人脈や地理に強い杉若無心もしくは彼の関係者を使者として、本能寺の変の直後から、秀吉が夜久氏などの沿道の領主の協力を得て、播磨→但馬→丹波→丹後→若狭を経て近江長浜城までのルートを確保していた可能性は高いだろう。勝家の使者が、北庄城から大坂城への街道を光秀方勢力によって封鎖されたため諦めて帰ってきたのとは対照的である。

研究の新段階

ここで、織田政権論として本能寺の変に至る政治過程に関する私見をまとめてみよう。

信長の台頭は、室町幕府への接近と密接に関連する。尾張の大半を切り取った永禄二年（一五五九）には上洛して将軍足利義輝に謁見し、永禄十一年には義昭を奉じて上洛して、幕府を再興した。環伊勢海三ヵ国——尾張・美濃・伊勢——領有時代以来、信長は自らの支配の正統性を主張するために、一貫して将軍権力を利用したことに着目するべきだ。ここに、他の戦国大名との違いは明瞭なのである。

室町幕府と一体化した地方政権——環伊勢海政権——から、室町幕府にかわる武家政権——「安土幕府」——へと変質するのは、天正三年（一五七五）十一月の右近衛大将任官と天正四年二月の安土城への本城移転によってである。ここから、信長は自ら将軍への道を歩み出す。管領細川氏や家宰三好氏が、実権者として将軍を操っていたのとは対照的である。

その後は、義昭が画策する信長包囲網との角逐に明け暮れる。毛利氏や一向一揆との対戦が長期化するなか、松永久秀や荒木村重といった重臣たちが、離反して義昭陣営に属した（天野二〇一四・二〇一八）。「安土幕府」と「鞆幕府」との激しい衝突と、前者による後者に対する圧伏によって、天下統一への動きが明確化したのである。

天正元年幕府滅亡説は、そもそも明治時代の国史編纂事業のなかで「勤王家」と位置づけた信長を顕彰するために主張されたものである（田中一九二三）。室町幕府の滅亡をできるだけ早期に設定して、十年に及ぶ信長時代を創造したといってよい。

いまなお天正元年幕府滅亡説を主張する研究者のなかには、「鞆幕府」の存在を認めても、早くも天正五年以降は実体を失っていたとする見解もある（谷口二〇〇七、呉座二〇一八など）。しかし、大名同士の紛争を回避し和平を実現する力は、後述する天正十年の芸土同盟や予土和睦をみても、まったく失っていたとは考えられない。

本書で指摘した、天正十年以降に及ぶ義昭の公帖《こうじょう》発給はもとより（八九頁）、京都永養寺の再興について、天正七年正月に信長の承認をもとに京都所司代村井貞勝からの許可があったにもかかわらず、同年八月に鞆幕府奉行人奉書で、あらためて義昭から許可されねばならなかったという事実（九六〜九七頁）は、無視できないのではないだろうか。天正七年段階においても、「安土幕府」は京都の禅宗寺院からは全幅の信頼を得てはいなかったのだ。

「安土幕府」と「鞆幕府」の政治バランスが崩れるのは、天正八年である。教如が大坂本願寺を退いた同年八月、信長は畿内諸国に対して一斉に一国単位で仕置すなわち城割と検地を強制する。この地域に「鞆幕府」関係勢力が退去した直後、急ピッチで仕置を強行してゆく。なお、天正元年以降については、二つの異なる武家権力が、中央（信長）と地方（義昭）で相剋していたとする見解もあるが（木下二〇一四）、それは天正八年以降の実態である。それ以前において、信長は一向一揆を鎮圧していたわけではなく、必ずしも畿内近国を強力に支配していたとは言いがたかった。

本能寺の変後の混乱を収束させた秀吉は、統一戦争を通じて一国単位に城割や検地などの仕置による中世領主制の否定を断行した後、領知朱印状をもって国主大名以下に領地・領民・城郭を預けてゆく。かかる国分の全国展開が、天下統一の本質だった。天下人による国土領有権の掌握という「革命」は、秀吉に継承されたのである（藤田二〇一〇A・二〇一八）。

ここで、近年の信長論について一言ふれたい。遅れて来た戦国大名、あるいは中世人としての信長像が強調される傾向にある（池上二〇一二、金子二〇一四、神田二〇一四など）。上洛以前においてはそのような側面もあったが、はたしてそれが織田政権の本質とみてよいのか。たとえば、初期の太閤検地は天正八年の播磨や但馬で始まっていたのではないか。

これらの著書においては、天正八年以降、信長が本格的に開始した集権化に向けての中世領主制否定への動きについては着目されていない。秀吉の天下統一事業は、信長の統一策すなわち仕置の継承と発展という側面を視野に入れなければ説明ができない。信長の歴史的評価も、その点と関わってなされるべきだ。

2　政権を揺さぶる派閥抗争

三層構造の本能寺の変

拙著『織田信長──近代の胎動』（二〇一八）において、次頁の図（若干の追加・修正あり）をもとに本能寺の変の構造について総括した。その要点を述べると以下の如くである。

変の基層にあるのは、四国における長宗我部氏と三好氏による覇権抗争だった。戦国末期、日本の各地域においては数ヵ国規模の領地を伐り従えた戦国大名の時代を迎えるが、四国においては長宗我部元親と三好康長ら三好一族がしのぎを削っていた。彼らは、境界紛争を自家に有利に展開するべく、天下の実権を握りつつあった信長に接近した。

中層には、明智光秀と羽柴秀吉という織田家重臣の、生き残りを賭けた派閥抗争があった。光秀は、長宗我部氏との関係を利用して西国支配に関与しようとしたし、秀吉は自領の播磨と勢力下にあった淡路に隣接する三好氏との友好関係を構築することで水軍力を手に入れ、西国支配における優位な地位を獲得しようとした。

上層にあるのが、将軍相当者信長と現職将軍義昭の最終段階の天下争奪戦である。天正八年（一五八〇）以降、信長の天下統一戦は最終段階を迎えた。対する義昭は、大坂本願寺が

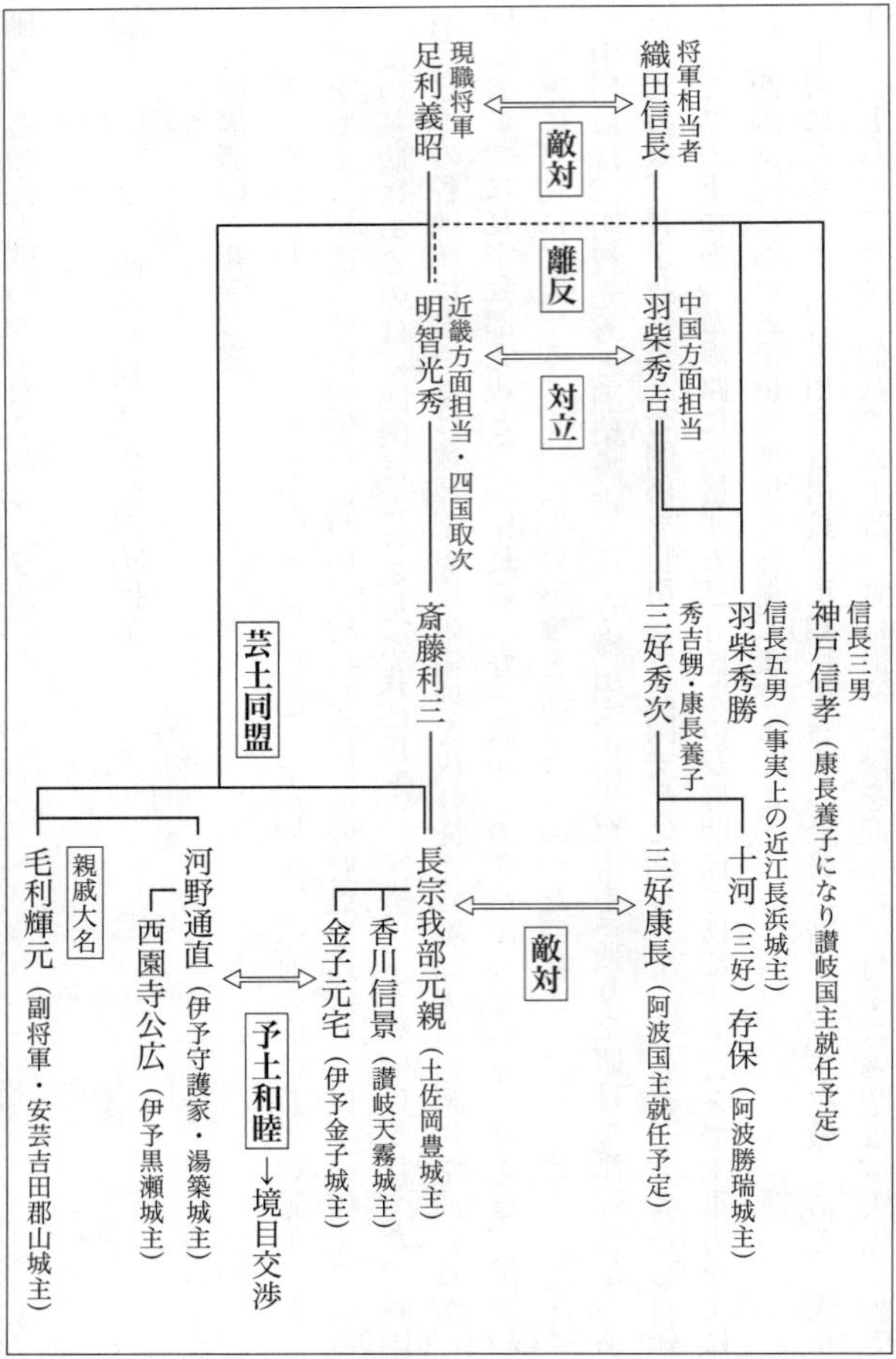

本能寺の変直前の光秀・秀吉派閥関係図

勅命講和に応じたことから、畿内近国すなわち「天下」に対する影響力を喪失し、幕府としての存亡の機に瀕していた。副将軍毛利氏とともに形勢逆転を図るべく、長宗我部氏との軍事同盟（芸土入魂）を形成し、さらに光秀へと接近していった。

これらの動きと、公家世界の対立関係もリンクしていたことを忘れてはならない。それは、光秀や元親と親しい近衛前久《さきひさ》と、秀吉や康長と利害をともにする一条内基《うちもと》との摂関家内部の主導権争いである。朝廷内部も、信長に対して一枚岩ではなかったのである。

三層構造のキーワードは、「生き残り」だった。突然の信長による四国政策の変更によって追い詰められる元親、天下統一を画期として、若い一門・近習を優遇して世代交代を実現し、専制支配へと舵を切る信長によって左遷寸前にあった光秀、信長の中国攻めを前に政治生命を絶たれるという危難に直面した義昭、抜き差しならぬ危機意識が元親―光秀―義昭を奇跡的に結びつけて、未曾有のクーデターを実現させたのである。

これに関連して、室町幕府や朝廷に連なる人脈が様々な思惑から蠢動していたことも忘れてはならない。光秀の意志のみで歴史的政変が勃発したのではないのである。したがって、従来のような○○説、△△説で一括りにできるような単純構造ではない、と結論づけた。

これらが、本書の原本である『謎とき本能寺の変』（講談社現代新書　二〇〇三年。以下「本篇」とする）以来の到達点である。本能寺の変の直接的な前提としては、次の二点について新たに着目している。

①毛利輝元は、信長の攻撃を前にした天正十年二月に、足利義昭の仲介で長宗我部元親との同盟（芸土同盟）を画策し、元親もこれに応じた。

②同時に、足利義昭は土佐に下っていた石谷《いしがい》光政・頼辰《よりとき》父子を仲介役として明智光秀に接近し、天正十年五月までに帰洛に向けての上方の態勢を整えた。

以下順次、この二点について、関係する最新の研究成果を交えつつ解説してゆきたい。

光秀の幕府人脈

二〇一四年六月二十三日に岡山市の林原《はやしばら》美術館において、館蔵の新出史料「石谷家文書」（全三巻、四七点。以下［石―］で示す）に関するマスコミ発表があった。

そこでは、「林原美術館所蔵の古文書研究における新知見について―本能寺の変・四国説と関連する書簡を含む―」というタイトルの資料が配布され、本能寺の変関係の二点、すなわち（天正十年）一月十一日付石谷光政宛斎藤利三書状（史料A）と（天正十年）五月二十一日付斎藤利三宛長宗我部元親書状（史料B）を中心にコメントされた。

マスコミ配布資料によると、史料Aについては「（筆者註：斎藤利三が石谷）頼辰を派遣する旨を伝えると同時に、空然《くうねん》（筆者註：石谷光政の法名）に元親の軽挙を抑えるように依頼したもので、信長と元親との対立状況がわかるとともに、利三が元親に働きかけを行った確証となる史料」と紹介された。

さらに注目されたのが、本能寺の変の十日前に作成された史料B（二〇四〜二〇五頁）である。配布資料によると、「（筆者註：天正十年）一月の時点では（筆者註：信長の四国国分案を）拒絶した元親ですが、この書状では信長の命令（朱印状）に従うとしています」。しかし「五月の段階で信長は四国への出兵を命じており、戦闘を回避しようとした元親と信長の違いが明らかになります」、「今後は、本能寺の変のきっかけとなった可能性のある書状として本資料が取り上げられ、さらに研究が進んでいくと思われます」と、展望している。

ここで浮上したのが、いわゆる「四国説」だった。本能寺の変の背景を、光秀と土佐の長宗我部氏との関係に求めたのである。それを理解するための前提として、「石谷家文書」が伝来した石谷氏と光秀との関係についてふれたい。

石谷氏は、美濃源氏・土岐氏の一族で、本貫地は美濃国方県《かたがた》郡石谷である。室町時代には将軍の直臣すなわち奉公衆として活躍し、光政・頼辰父子は第十三代将軍足利義輝に仕えている。永禄八年（一五六五）五月に義輝が三好三人衆や松永久秀に殺害されると、父子は離別することになる。

光政は、娘婿の長宗我部元親を頼って土佐岡豊《おこう》（高知県南国市）に下る。頼辰は、斎藤利《とし》賢《かた》の子息だった。石谷家に養子として入り、斎藤家は弟の利三が継いだ。明智氏重臣となっていた利三との関係からか、頼辰も光秀に仕えることになる。

頼辰の義理の妹が長宗我部元親の正室になっていたことから、重臣斎藤利三を介して、光秀が元親と信長とを結ぶ取次役を務めた。元親が天正三年（一五七五）に土佐を統一し、その後わずかな期間に四国を併呑する勢いを示すのも、彼の軍事的才覚はもとより、信長権力との接触、換言すれば光秀とその家臣団との連携によるところ大であった。

光秀と斎藤氏や石谷氏は、いずれも美濃源氏に属し、室町幕府の奉公衆を務めた名門の家柄にあった。なお光秀の子息については、熊本藩細川家重臣の三宅家に伝来する史料群『明智一族　三宅家の史料』所収の系図を参照して判断した。これら三家と長宗我部氏との関係については、四二〜四三頁の略系図を参照されたい。

最近、光秀に関する最古の史料（「米田家文書」所収）が発見され、永禄九年以前の段階で、近江田中城（滋賀県高島市）に籠城していたことが判明している。城主の田中氏は高島七頭の一人で、幕府奉公衆に属する。光秀も、足利義輝に仕えた幕府衆の一員として籠城したのかもしれない。そうすると、永禄八年五月の義輝暗殺によって牢人となって朝倉氏を恃《たの》んだとする見方も成り立つのである（二五頁）。

四国政策の変更

信長は、（天正九年）六月十二日付で元親と三好康長との阿波をめぐる領土紛争に介入した（四一頁）。本能寺の変に至る動きは、すべてここから始まったと言ってよい。それまでの「切り取り次第」として元親に四国統一を全面的に任せていた段階から、急転したのである。

これは、実質的に阿波一国を南北で折半し、南郡（近世の勝浦・那賀《なか》・海部《かいふ》の三郡に相当）を長宗我部氏に任せることを通達したものであった。当時の阿波には、これに加えて北郡あるいは北方とよばれる領域として、吉野川流域に広がる（上流から）三好・美馬《みま》・麻植《おえ》・阿波・名西・名東・板野の七郡があったが、これを三好氏に任せることにしたのである。

元親は、間髪を入れず天正九年（一五八一）七月二十三日付で伊予新居《にい》郡金子城（愛媛県新居浜市）の金子元宅《もといえ》と起請文を交わして「境目の機遣《きづか》（気遣）ひに及び候はゞ、加勢の段疎略あるべからず候」（金子家文書）と軍事同盟を締結する。

この軍事同盟は、西方の河野氏との境界紛争を想定したものと考えられる。信長の介入を受け入れ三好康長と和睦するかわりに、元親は信長から伊予の河野氏を攻撃することを任されたと理解するべきだからだ。その先兵として、元親は元宅を起用したのである。

金子氏は、武蔵七党のひとつである村山党に属し、新居郷地頭職を得て伊予に入部した西遷御家人に起源をもつ。戦国時代末期に元宅が出て、高峠城《たかとうげ》（愛媛県西条市）を拠点に新居・宇摩両郡に勢力を扶植し、戦国大名化しつつあった石川通清の娘婿として、そして長宗我部氏との連携を背景に、新居郡から西接する周布郡への進出を試みていた。

以上から、信長の四国政策の画期として六月十二日付朱印状を評価するべきである。さらに、長宗我部氏にとって不利な国分案が強制されるようになるのが、同年の冬頃からである。

（天正十一年）二月二十日付石谷光政・頼辰父子宛近衛前久書状［石―1］は、本能寺の変に関連する重要史料である。前久は、天文二十三年（一五五四）に関白に任官し、藤原氏の氏長者にもなった有力公家である。信長の信任も篤く、天正八年の勅命講和や九州における諸大名の停戦を実現した。

書状中、前久は「去々年冬」すなわち天正九年の冬（十月から十二月の間）に、安土で信長に元親のことを様々に悪し様に訴える者（一条内基もしくはその関係者）がいて両者は断交寸前になったが、元親のために取りなしたことを明かしている。すなわち、信長の対長宗我部方針が決定的に悪化するのは、天正九年六月ではなく同年の冬のことだったのだ。

なお、本能寺の変は公家衆の生き残りをかけたクーデターでもあった。前久書状からうかがわれる近衛家と一条家という摂関家の政権内部における主導権をめぐる抗争も念頭に置かねばならず（藤田二〇一八）、かつて立花京子氏が指摘された朝廷関与の観点（立花二〇〇〇）が再浮上していることも付言しておきたい。

説得交渉

天正九年（一五八一）十一月下旬、鳥取から帰陣した秀吉は、信長の命を受けて淡路を統一した。これ以降、四国政策は劇的に変化した。（天正九年）十一月二十三日付で讃岐東半国守護代家の安富筑後守・又次郎父子に宛てた松井友閑書状（志岐家旧蔵文書）中の「阿・讃の儀、三好山城守《康長》いよいよ仰せ付けられ候、その刻御人数一廉相副えられ、即時ニ両国残らず一着候様ニ仰せ付けらるべく候」という情報は、きわめて重要である。

この頃、信長は阿波と讃岐の二ヵ国を三好康長に任せようとしたのである。淡路を橋頭堡にして両国を従える予定であり、その際には参陣するようにと、地元の有力勢力である安富氏に命じたのであった。阿波・讃岐両国の大半を実効支配していたのは元親であるから、到底飲めない内容である。

このような事態の急激な悪化を打開すべく、長年にわたって元親の取次役を務めていた光秀は、元親に対して義理の兄にあたる石谷頼辰を派遣して、信長の命に服すよう説得に努めた。（天正十年）一月十一日付石谷光政宛斎藤利三書状（史料A）には、「後々までも光秀が（元親のことを）悪いようにしないと申している」と記している。つまり自分に免じて今回はなんとか我慢してほしいと頼み込んでいるのである。

なお、このような推移については、これまでも、『元親記』などの軍記物から知られていたが、同時代史料でそれが確認できたことは貴重だった。

しかし元親がただちには説得に応じなかったため、事態は光秀サイドにとって憂慮すべき方向へと進んでゆく。信長は、天正十年二月九日付で「三好山城守（康長）、四国に出張すべきの事」（『信長公記』）と指令している。康長を四国攻撃軍の先遣隊としたのだ。切迫した事態のもと、元親は後述するように毛利氏の将軍義昭を介したアプローチに即応する。

専制化する信長

武田氏掃討戦は、さほどの抵抗を受けずに進捗し、信長が甲斐に到達する以前に天目山（山梨県甲州市）で勝頼を自殺させて終了した。「東国一統」とよばれた大事業を果たした信長は、天正十年（一五八二）五月七日付で三男信孝に四国国分《くにわけ》に関する朱印状を授けた（四八～四九頁）。

信孝は、永禄十一年（一五六八）の信長の伊勢侵攻に際して、同国河曲《かわわ》郡の神戸《かんべ》氏と講和した折に養子入りしていた。長兄の信忠が家督となり、次兄の信雄が名門北畠氏を継いだのと比較すると、信孝の処遇は軽かった。ここで、信長は信孝に国主大名となるチャンスを与えたのである。

信長は、四国攻撃軍の最高指揮官となる信孝に対して国分案を発表し、第一条で戦後に信孝を讃岐国主に、第二条で康長を阿波国主にすることを伝えた。また第三条で、信長が淡路まで出陣した時点で土佐と伊予の人事について指示するとしていることは興味深い。

先の前年十一月二十三日付松井友閑書状の段階では、阿波・讃岐が三好康長に任されるかもしれないというものだったが、信孝の康長への養子入りによって、このように変更されたのである。

本能寺の変によって四国国分は実現しなかったが、変直前において信長が出陣しようとしていたのは、淡路だった。信孝の後詰と四国国分のために動座しようとしていたのだ。四国攻撃に関しては、天正十年三月の天目山の戦いに至る信長の戦争を想起させる。

この戦いは、先陣が信濃木曾谷の木曾義昌で、総大将が嫡男信忠、その後を信長が進軍するというものであった。四国攻めの場合は、地元勢力である康長に先陣を任せ、総大将の信孝を先行させ、後から自身が淡路経由で四国へと乗り込み、戦況次第で長宗我部氏さらには伊予の河野氏までも一挙に滅亡させる意志があったとみられる。

信長朱印状の本文において、信長は信孝に、康長に対して「君臣・父母の思いをなし、馳走すべき事、忠節たるべく候」と諭した。信孝が康長の養子となることについては、『宇野主水日記』天正十年六月一日条に「三七郎《(神戸信孝)》殿阿州三好山城守《(康長)》養子として御渡海あり」と記されており符合する。

光秀や元親にとって理不尽な外交政策の転換も、信長にとっては若い信孝を活躍させるチャンスと位置づけていたとみられる。当時の信長は、来るべき天下統一後をにらんで若い一門・近習を有力大名として畿内近国に配置し始めていたが、子息信孝の処遇もその一環として位置づけることができよう。

元親自筆書状か

このように事態が急展開するなかで、元親は五月二十一日付で斎藤利三に書簡を認めた。これが、注目を集めた史料Bである。筆者は、筆跡と苦悩に満ちた生々しい内容から推して、元親の自筆書状であるとみている。次に、本文を抜粋して現代語訳を掲げたい。

史料B［石―19］

一、このたびの（信長の）朱印状に対するご承諾が、なにかと今まで遅れましたことは、特に他事があったのではありません。（信長に対する）贈物を取り計らうことができず、遅くなってしまい、時節柄を過ぎてしまったのですが、このままではどうしようもないでしょうか。ただし、秋に準備して申し上げれば、（信長の）ご意向にもかなうこともあるかと認識しております。

一、一宮城をはじめ夷山《えびすやま》城、畑山《はたやま》城、牛岐《うしき》城、仁宇《にう》南方から残らず撤退しました。（信長の）朱印状の内容に応えて、このような対応をもって、（信長に）ご披露していただけないでしょうか。これでもご披露するのがむずかしいと頼辰が仰っているので、いよいよ妥協の余地はなくなってしまっています。もはや、戦いの時が到来したのでしょうか。当方は、多年にわたり粉骨し、まったく反逆する気持ちはないのに、思いも寄らない仕打ちにあうことは、納得できないことです。

一、このうえ（信長の）命令にご変更がないことが確実であるならば、お礼を申し上げねばなりません（防戦せざるをえないとの意か）。どうあっても、海部・大西両城についてては、こちらで維持せねばなりません。これは阿波・讃岐の領有を望んでいるためでは、まったくありません。ただ、土佐の玄関口にこの両城があたりますので、こちらで維持せねばならないのです。ここまで差し出さねばならないのでは納得できません。

（以下略）

この書状で重要なのは、信長が示した四国国分案に関する回答が遅くなったことを元親が詫び、従う意志をみせたことだ（第一条）。ただし、正確には信長への降伏を条件つきで飲んだと理解するべきである。

具体的には、第三条で阿波・讃岐を手放すことを認めていることから、第二条の「朱印状」とは、天正九年（一五八一）十一月二十三日付松井友閑書状（二〇一頁）で示された、両国を三好康長に預けるという国分案を、元親に対して伝えるものだっただろう。

すでに、信長の先遣隊である康長の軍隊が、阿波に上陸して戦闘が開始されていた。阿波の主要城郭である一宮城（徳島市）、夷山城（徳島市）、畑山城（徳島県阿南市）、牛岐城

（同市）、仁宇南方（徳島県那賀郡）から長宗我部軍が大規模に撤退しているが（第二条）、これも国分案を認めてのものであろう。ただし、阿波の海部（徳島県海陽町）と大西（徳島県三好市）の両城は土佐の玄関口にあたるので、このまま所持したいと講和条件を示している（第三条）。

四国きりとりの御朱印

ここで、（天正十年）五月二十一日付元親書状（史料B）と同日付の信長サイドの書状があるので注目してみよう。それは、信孝の城下町・伊勢神戸《かんべ》（三重県鈴鹿市）の勅願所龍光院（現在は龍光寺）の塔頭《たっちゅう》と推定される慈円院の院主正以が、伊勢神宮の神官藤波氏に宛てた書状（神宮文庫所蔵）である。これによると、ほとんど政治交渉のみで四国平定が終了するとの見込みであると、阿波で戦闘中の三好康長から伝えられていたことがわかる。

さらに、信孝が五月二十五日に安土に伺候して信長に拝謁し、安土衆からは餞別として陣夫・馬そして八月までの兵粮米を支給される予定になっていることが記されている。一夜で大名並みの待遇にまで出世するとの認識である。また追伸部分の冒頭では、先に紹介した五月七日付信長朱印状のことを「四国きりとりの御朱印に候」と言い切り、今度の出兵のねらいは四国を織田領とすることにあるとズバリ見抜いている（稲本一九九七）。

史料Bの発見によって、信長の西国出陣を目前に、元親が光秀重臣斎藤利三を介して信長との講和交渉を試みていたことが明らかになった。宛先の利三は、この当時、主君光秀と行動をともにしていた。

光秀は、五月二十六日に近江坂本から丹波亀山に移動し、二十七日に愛宕山に参籠、翌日戦勝連歌会いわゆる「愛宕百韻」を興行し、亀山帰城の後、六月一日夜に本能寺をめざして出陣した。信長が安土から入京するのが、五月二十九日のことだった。石谷頼辰を土佐に派遣した一月以来、光秀や利三は信長との交渉——おそらくは土佐一国安堵の確約をめざした——を必死に試みたと思われるが、時すでに遅かったとみられる。

五月下旬の時点で、信孝と康長の軍隊による阿波・讃岐制圧は既定路線となっており、信長が彼らに八月までの兵粮を与えたとすると、戦況次第では土佐に攻め入り、その場合は長宗我部氏の滅亡も十分に想定することができる。

なお、当時、和泉国堺の港湾支配に関与していた水軍の真鍋貞成が、信長から四国に出陣することを命じられており、関係史料には「八月迄の兵粮出し申し候」（藩中古文書）と記されており、四国攻撃が八月までおこなわれる予定だったことが裏づけられる（四九頁）。やはり、元親は絶体絶命のピンチに陥っていたのだ。

御礼申し上ぐべく候

元親は、阿波・讃岐の返還は認めているのであるが、海部・大西両城を渡してしまうと、土佐に侵攻されることを懸念しているのである。この時点で、信長が「四国きりとり」を望んでいた可能性は高い。元親も、その情報を得ていたのではなかろうか。

当然、元親はどんなことがあっても本国土佐は死守したかった。その決意は、第二条で「所詮時剋到来までに候や」と、すなわち「戦いの時が到来したのでしょうか」と記していることからもうかがわれる。ここで第三条の冒頭「この上にも上意御別儀なき段堅固に候はば、御礼申し上ぐべく候」の解釈について説明したい。

直訳すると、「このうえ命令にご変更がないことが確実であるならば、お礼を申し上げねばなりません」となるが、問題は「御礼申し上ぐべく候」の解釈である。信長の四国国分案を承引すると理解することもできるが、それでは自家の滅亡を認めることになってしまい、成立しないのではないか。

ちなみに、「礼申す」の用例を小学館の『日本国語大辞典』で調べると、「うらみをはらす」という解説がある。筆者は、文章に籠められた元親の信長に対する思いこそ、これにあたると判断する。利三に対して、自力で切り取った阿波・讃岐を渡すことまで承認したのに、そのうえ隙あらば土佐をも狙おうとしている信長に対する強い憤りを訴え、防戦やむなしと主張しているものと理解する。

史料Bは、講和条件の最終調整に関係するものである。流動的な戦況のなか、元親は、この手紙が届こうが届くまいが交渉は決裂し、自家の存亡をかけた最終戦争は不可避と読んでいたのかもしれない。

変より十日ほど前に認められた史料Bは、光秀がクーデターに踏み切った最大の契機について、長年にわたり親密な関係にあった長宗我部氏が、目前に迫っている信長の攻撃によって危機的状況に追い込まれたことに関係することを明示する。この四国説によって、少なくとも光秀の個人的な動機による「単独謀反説」は成立の余地がなくなったのである。

これに関係して、『元親記』から「斎藤内蔵助《利三》は四国の儀を気遣うに存ずるによってなり、明智殿謀叛の事いよいよ差し急がれ」という一節を引用したい。これに加えて、光秀の決起によって長宗我部氏が滅亡しなかったこと、山崎合戦の直後に光秀方の縁者——たとえば斎藤利三の息女福（後の徳川家光の乳母・春日局）——が、少なからず土佐に落ち延びていったこととも無関係ではあるまい（一一九頁）。

3　光秀の政権構想

発見された光秀密書の原本

二〇一七年九月に、（天正十年）六月十二日付土橋重治宛光秀書状の原本が発見されたことが報じられた。従来は、本篇でも注目した東京大学史料編纂所架蔵の影写本「森家文書」所収の写しが知られていたが、その原本が岐阜県にある美濃加茂市民ミュージアムの収蔵品となり、幸運にも筆者は他に先駆けて実見する機会に恵まれたので、この原本によって読み下し文を作成した（一〇〇～一〇一頁、以下、史料⑦）とする。

本史料の寸法は、縦一一・五センチメートル、横五六・七センチメートルと小振りで継ぎ目のない横長の密書（機密文書）といってよい形態である。筆跡はしっかりとした達筆で、料紙の伝存状態もきわめて良好である。本文中の筆致と光秀の署判に違いが認められないことから、自筆書状の可能性が高い。

加えて、写しや写真では確認できなかった、平均すると幅約二センチメートルの細かな折目が確認できたことが重要である。書状の奥にいささか黒ずんだ差出・宛所の部分があるが、これが包紙であることも確認できた。きっちりとコンパクトにたたまれて、包紙に包まれて運ばれたのである。この光秀書状は原形を変えずにそのまま軸装されて大切に伝存されていたことが判明した。

以上から、史料⑦は、内容はもとより、筆致・料紙からも問題がなく、本能寺の変直後に光秀の意思を伝えた密書として臨場感あふれる第一級の史料と評価されるもので、これが市民に向けて広く公開されたことの意義はまことに大きい。原本発見によって、誤写や偽文書の疑いが解消できたのである。この密書が、本能寺の変に関する重要史料であることが確定したことは、実に大きな成果であった。

なお、原文冒頭二行の尚々書きに続く本文二行目にある「然而」を「しかして」と順接に読み、この時点ではじめて光秀が義昭に与同したとする見解が主張されている。これについて筆者は、不自然な読みだと判断する。「しかれども」と読み、「しかしながら」「そうであるが」（小学館『日本国語大辞典』などを参照されたい）と逆接で解釈するべきである。

なぜなら、尚々書きで「急度《きつと》御入洛の義、御馳走肝要に候、委細（闕字）上意として、仰せ出さるべく候条、巨細あたわず候」と、光秀が主体的に重治に対して義昭の入洛への協力を要請し、細かな指示は義昭から直接なされるから自分からは申し上げないと断っているからである。こうした事情と整合的であるためには、「然而」は逆接でなくてはならない。

あらかじめ義昭を奉じていたからこそ、このような指令を発したのである。光秀が将軍相当者であった信長を討滅するには、主君殺しを正当化するばかりか、反信長勢力を糾合する必要があり、かつての主人である現職将軍を奉じたのである。

これらの表現からは、重治の接近以前に光秀が義昭サイドに属していたことがわかる。なによりも山崎の戦いの前日にあたる六月十二日の切羽詰まった状況にもかかわらず、軍事指揮権が義昭にあり、その指示を仰ぐようにと伝えたことは重要である（傍線(B)）。この部分を無視して、この時点ではじめて光秀が義昭に与同したとする解釈は成立しない。

これに関わって、義昭推戴を認めるにしても、本能寺の変の情報が鞆の浦に伝わってから義昭が画策して光秀に近づいた、あるいは形勢の悪化から光秀の方から義昭に近づいたとする主張が少なからずあったが、当時の情報伝達能力からは無理である（藤田二〇一八）。

電話もEメールもない時代である。健脚な使者でも、一日平均五十キロメートルを走破できればよいほうだった。鞆の浦―京都間は、直線距離にして約二百五十キロメートルも隔たっており、しかも「中国大返し」で、山陽道は秀吉方の軍勢であふれかえっていた。情報伝達にはそれなりの時間が必要だったことを考慮すれば成立しない主張である。

将軍推戴の事実

それでは、史料⑦の具体的な内容をあらためてみてみよう。まず確認しておきたいのは、脇付に「御返報」とあることから、本史料が土橋重治書状への光秀の返書だったことである。日付から推して、雑賀に復帰した重治が光秀に宛てて与同と援軍の派遣を申し出たことがわかる。

本文の冒頭で互いにはじめて接触することを確認した後、重治から将軍に与同するようにとの申し入れがあったが、すでに応じていることを伝えたのである（傍線Ⓑ）。重要なのは、あらかじめ義昭サイドから帰洛を援助するようにと働きかけがあったことだ。遅くとも本史料を認《したた》めた天正十年（一五八二）六月十二日までに、光秀が旧主義昭（元亀二年［一五七一］まで仕える）を推戴していたことになる。

史料⑦からは、重治が当時、備後国鞆の浦に亡命していた義昭の指示によって行動していること、光秀もすでに上洛戦への協力を約束していたことが判明する。義昭の指令を受けて行動していた重治は、光秀と面識がなかったため「味方」であることを申し出たのである。重治の雑賀復帰と統一そして光秀への接近は、義昭の指示によるものと推測することができる。

これに関わって興味深いのが、本能寺の変の情報を雑賀衆が毛利氏に伝えたことである。慶長六年（一六〇一）のものと推定されている吉川広家自筆覚書案（吉川家文書）には、「先年備中高松の城（闕字）太閤様御責めの刻《きざみ》、信長御生害の故、当方御和平仰せ談ぜられ、御陣打ち入らるべきの折節、紀州雑賀より、信長不慮の段、慥《たしか》ニ申し越し候」と記されている。土橋方の雑賀衆が、毛利氏に本能寺の変の情報を運んだのだろう。

もし光秀が自ら天下人になるためにクーデターをおこしたのならば、義昭の使者がやってきたとして、すぐにその要求を受け入れることができたであろうか。これについては、（天正十年）六月九日付光秀自筆覚書が参考になる（一四六～一四七頁）。

本史料において、光秀は今回のクーデターの目的は、光秀の娘婿である細川忠興を取り立てるためのものであると念を押し、五十日、百日のうちに上方を平定して政権基盤を確立した後は、子息十五郎《とうごろう》や忠興に引き渡して引退すると語っている。管領家に連なる細川家や幕府衆である明智家を中心とした国家を構想しているのだから、やはり義昭の帰洛による幕府再興のための軍事行動だったと理解するべきであろう。

光秀の義昭推戴をうかがわせるのが、六月十三日付で小早川隆景の重臣乃美宗勝にあてて帰洛命令を発した義昭御内書（一三九頁、史料⑧とする）である。これについては、素直に読む限り義昭自身が画策して信長を討ったことを表明している。それを踏まえて、輝元と隆景の帰洛戦への供奉《ぐぶ》を命じているのである。

史料⑦⑧は、光秀と義昭が同時期に認めたものだけに、きわめて意味深長である。これらを整合的に解釈すると、義昭が光秀に命じて信長を討ち果たしたことになるからである。いずれも良質な一次史料とみられることから、筆者はこれまで義昭の変への関与を主張してきたのである。

「室町幕府の再興」、と言っても読者諸賢には相変わらずピンとこないかもしれない。義昭は、槇島城で敗戦して亡命した天正元年以降も、信長包囲網の中核にあったのだ。本篇においても、天正四年以降は、義昭―毛利輝元政権すなわち「鞆幕府」に拠ってしぶとく帰洛戦を試みていたことについてふれている（七七～九七頁）。

史料⑦⑧は、ともに本能寺の変に関係する重要人物が認《したた》めた第一級史料である。くどいようだが、光秀が六月十二日の段階ではじめて義昭を奉じたならば、どうやって翌日に義昭が信長を討ち果たしたなどと主張できたのであろうか。

前提としての芸土同盟

史料⑦で確認できたように、本能寺の変以前に義昭と光秀とのコンタクトがあったとするならば、いつどのようなルートでおこなわれたのであろうか。これだけのクーデターを成功させるためには、ある程度前から光秀と彼の重臣との間で準備され、かつ義昭サイドとはしかるべき人脈を介したパイプがないと不可能である。

やはり、義昭から光秀に至る情報の伝達には、義昭の側近と光秀重臣がからんでいないと互いに信用が置けず、実現しえなかったと考える。これまで筆者がどうしても腑に落ちなかったのは、まさしくこの点なのである。ありがたいことに、「石谷《いしがい》家文書」には関係史料が含まれていた。

その前提としては、関係史料には「芸土入魂」と表現される芸州＝毛利氏と土州＝長宗我部氏との和睦があった。仇敵関係にあった毛利氏と長宗我部氏が和解し、その仲介役を務めた将軍足利義昭の帰洛戦を支えるというのが、この和睦の中味であるが、ここではこれを「芸土同盟」とよぶことにしよう。

（天正十年）六月十三日付義昭御内書（史料⑦）の関連史料として、次の（天正十年）六月十七日付で長宗我部元親の外交を担当した実弟香宗我部《こうそかべ》親泰《ちかやす》（長宗我部国親三男）に宛てた義昭の御内書と真木島昭光の副状がある。両史料ともに、ほぼ同内容なので御内書を読み下し文で抜粋する。

史料⑨　香宗我部家伝証文

先度元親（長宗我部）帰洛の事、忠功を抽《ぬき》んずべき由言上する条、悦喜の通り申し遣わし候、いよいよ芸州（毛利輝元）と相談し、馳走候様申し聞かすべし、なお昭光（真木島）・家孝（小林）申すべく候也

六月十七日（天正十年）　（義昭花押）

高（香）宗我部安芸守（親泰）とのへ

義昭は、親泰に対して自らの帰洛に忠節を尽くすべきことを、元親がすでに同意していることを確認している、それについては、芸州すなわち毛利輝元と相談して奔走すること――つまり芸土同盟が前提となっており（傍線部）、義昭は、帰洛に向けての出陣を督促したのである。彼のもくろみとしては、当然のことながら毛利・長宗我部両氏が帰洛戦を支えることになっていたと考えられる。

御内書の年次は、天正十年しかない。その理由は、次のとおりである。天正九年（一五八一）六月以前では、毛利氏と長宗我部氏が敵対していたからありえない。天正十一年六月では、すでに同年四月に賤ヶ岳合戦が終了しており、毛利氏が秀吉と国分交渉を再開していたから、義昭が両氏に号令して帰洛戦を開始するような状況にはなかった。なお親泰が「安芸守」にかわって「左近大夫」を名のる時期から年次比定する研究もあるが（森脇二〇一八）、宛所は他者が記すことから決め手にはならないと考える。

加えて、史料⑧（六月十二日付義昭御内書）と史料⑨に共通する本文末の「なお昭光《（真木島）》・家《（小林）》孝申すべく候也」に着目したい。管見の限りで、天正六年以降の義昭御内書に記された副状作成者は基本的に真木島昭光単独であるが、これは異例である。両史料で家孝が登場するのは、彼が芸土同盟締結の実務に関与したことと関係するのではあるまいか。したがって、史料⑨の年次については天正十年に比定される。

史料⑨以前に、義昭から元親に御内書が届けられたことが確認できるのは、次の（天正十年）二月二十三日付石谷光政宛真木島昭光書状である。本文のみ現代語訳を掲げよう。

史料⑩　［石―13］

元親と河野通直《みちなお》の和解（「土・予御和談」）を、毛利輝元から申し入れられました。それについて長宗我部元親に（義昭から）御内書が送られました。この時期に、和解を早速に実現されて、（義昭の）ご帰洛について奔走されるように、ご才覚を巡らせることが肝要です。「上口」の状況については、詳細は小林家孝がご説明されるでしょうから、詳しくは記しません。（以下略）

これは、当時土佐に下向していた石谷光政に宛てた真木島昭光の書状である。驚かされるのが、義昭サイドが石谷氏の土佐下向を知っていたことである。原本には「元親え御内書なされ候」と記されていることから、義昭が長宗我部元親に対して「土・予御和談」を促す内容の御内書を発したことがわかる。

毛利氏と長宗我部氏との境目になっていた伊予における紛争の停戦と領土確定、それが「土・予御和談」だった。すなわち長宗我部氏と伊予守護家の河野氏との和解（以下、予土和睦と記す）については、河野氏の親戚筋にあたる毛利輝元から義昭に申し入れがあり、それを受けて義昭から元親に御内書が発給されたのである。

なお、使者として派遣された小林家孝は、天正六年に荒木村重を説得して義昭に一味させ反乱をおこさせたという実績をもつ実力派の側近外交官だった。「上口」つまり上方の情報については、家孝から詳しく伝えるであろうと結んでいる。ここで重要なのは、義昭が予土和睦をふまえた芸土同盟をもとに自らの帰洛への供奉を命じていることである。

予土和睦の背景には、毛利氏が差し迫った敵対勢力からの攻撃に対応するべく、それまでの長宗我部氏との対立関係さえも解消せねばならないほど追い詰められていたことがある。二月という発給時期を念頭に置くと、信長が西国攻めを前にして秀吉や三好康長に指示を与えた天正十年がもっともふさわしい。なお「清良記」には、同年三月一日に毛利氏から伊予西園寺氏に予土和睦の情報がもたらされたと記されている。史料⑩で芸土同盟が端緒につき、それにもとづき変の直後から帰洛戦への供奉を迫ったのである（一三七〜三八頁）。

天正十年一月には、信長と元親との関係調整のために、光秀のもとから光政の子息頼辰《よりとき》が土佐岡豊《おこう》に下っていた。毛利輝元からの要請をうけた義昭は、石谷父子に目を付けてすぐさまアプローチしたのである。義昭から父子にもたらされる情報は、当然のこと主君である光秀にも伝えられたであろう。

義昭の勝利宣言

天正十年（一五八二）三月、信長は甲斐の天目山で武田氏を滅ぼして「東国御一統」を実現した。天下統一の最終戦となる西国遠征を前にして、まさに得意絶頂だった。それに対して、義昭―輝元陣営は滅亡の危機に瀕していたとみるのが常識的な見方である。ところが、事実は必ずしもそうではなかった。（天正十年）五月十一日付石谷頼辰宛真木島昭光書状の内容は、きわめて興味深い。本文の該当部分を現代語訳したい。

史料⑪〔石―12〕

元親へ二度御内書を送られたことについて、（元親が）お礼のために御使僧を派遣されました。誠に遠路のところこのようなことについて、（義昭は）大変満足されています。委細については直ちに申し入れます。（略）あなたが土佐にご在国されているのは幸いの儀でありますので、ますます元親が忠節を尽くすように、折々にご才覚を巡らされ、特にご忠義を尽くしてほしいということを、心得よとのことです。詳細については、小林家孝から申し達せられるでありましょう。次に、「上口」の状況は、たしかに明らかになっています。まったく（義昭の）ご帰洛は眼前のことです。大慶とはこのことです。

冒頭、すでに元親に対して御内書が両度にわたって下されており、その返礼として元親から鞆の浦に使僧が派遣されたこと、義昭からの内意は使者である小林家孝から披露されたこと、幸い石谷頼辰が土佐に在国していることから、元親が忠義を尽くすべく才覚するように命じている。

二通の御内書とは、一通目が（天正十年）二月二十三日付石谷光政宛真木島昭光書状（史料⑩）と関係するものである。元親から、義昭に予土和睦を前提とする芸土同盟の提案をのんだことが伝えられ、史料⑩と⑪の間の時期に、それに対して満足した旨の御内書が発せられたのであろう。

特に目を引くのが、「上口」の動向については明白なので、義昭の帰洛は眼前に迫っており大慶であると伝えているくだりである。一見して、「上口の趣、委細(小林)家孝演説あるべく候」と記す史料⑩との関係性がうかがわれる内容である。

上方方面での政治工作は終了しており、義昭の帰洛は目前に迫っていると語ったのだ。義昭にとっての芸土同盟は、帰洛戦のための軍事的な基盤だった。まさしく、信長打倒を目前に控えての勝利宣言と言ってよいだろう。実際に二十日後に信長を打倒したのだから、上記書状の内容は根拠のないでたらめではなかったのである。

史料⑪の年次を天正十一年とみなかったのは、同年四月二十一日に賤ヶ岳の戦いがあり、同月二十四日には柴田勝家が北庄城で自刃していたことによる。ちなみに、同年三月六日の北近江における合戦の情報が、九日後の同月十五日に備後国鞆の浦の義昭のもとに届いたことがわかる［石―10］。したがって、敗戦から二週間以上も経ったこの段階で、さすがに帰洛が目前であるとは主張できないと判断するからである。

なお、（天正十一年）五月八日付で高野山の僧侶快春が、香宗我部親泰に対して勝家の敗死をはじめとする賤ヶ岳の戦いの結果に関する詳報を伝えている（香宗我部家伝証文）。長宗我部氏は、独自のルートで情報を収集することができたのだ。虚報を伝えたところで、すぐにばれてしまい、かえって信頼を失うだけである。ここでは史料⑧⑨⑩の芸土同盟関係史料を、史料⑥⑦と同年の天正十年のものととらえる。

義昭人脈の蠢動

史料⑩⑪が天正十年（一五八二）のものだとすると、この間の時期に、すなわち二月二十三日から五月十一日までの時期に、義昭が土佐に在国中の石谷光政・頼辰父子を介して、斎藤利三そして光秀へと結んでいた可能性が濃厚となる。つまり石谷氏宛の義昭からの情報は元親ばかりではなく、石谷氏を介して主君光秀に伝えられたとみることが可能なのである。

一旦、義昭―光秀ルートが通じてしまうと、直接使者が行き来した可能性さえ想定される。

このように、「石谷家文書」と「森家文書」の原本の発見によって、本能寺の変研究は格段に進展した。ここで、関係史料を年次順に配置してその内容を確認したい。

芸土同盟の形成（天正十年）

史料	月・日	内容
A	1・―	長宗我部元親を説得するために、石谷頼辰が土佐に下る。
⑩	2・23	足利義昭、毛利輝元の依頼を受けて元親に御内書を発給して芸土同盟を画策し、帰洛に向けて奔走するように依頼する。
	この間	元親、義昭に対して、芸土同盟受諾の旨、回答する。
		義昭、元親に対して、満足した旨の御内書を発給する。
		元親、両度の御内書の礼として使僧を鞆の浦に派遣する。
		明智光秀、義昭と交信する。
⑪	5・11	元親との連携と予土和睦の進展を背景に、義昭が頼辰に帰洛が目前に迫っていると伝える。
B	5・21	元親、斎藤利三に対して、信長に譲歩がない場合は戦争やむなしと伝える。
―	6・2	未明、本能寺の変。

⑦	6・12	光秀、土橋重治の援軍派遣を受け入れ、義昭の帰洛のために奔走するよう伝える。
⑧	6・13	義昭、乃美宗勝に対して、信長討ち果たしに関与したことを告げ、輝元と小早川隆景とともに帰洛に向けて奔走するよう命じる。
―	6・13	夕刻、山崎の戦い。
⑨	6・17	義昭、香宗我部親泰に対して、今後も輝元と相談して帰洛に奔走するよう命じる。

史料⑩⑪にも記されている「上口」とは東瀬戸内方面をさすが、史料⑩の天正十年二月時点では、信長の西国攻撃の時期を気遣っていたのであろう。そして史料⑪の同年五月の段階では、変の直後に蠢動する淡路海賊の菅平右衛門や雑賀衆の土橋重治ら、さらには畿内の義昭と気脈を通じる諸勢力の動向をさすと考えられる（一二四〜一二六頁）。

芸土同盟に推戴された義昭は、天正十年五月段階で一挙に形勢逆転できると確信していたようだ。そうであるならば、本能寺の変直後に発した史料⑧冒頭の「信長を討ち果たすうえは」との表現は、従来言われてきたような「修辞」ではないことになる。だいたい根拠のない偽情報を伝えたところで、日ならず真実が明らかになって、かえって権威が失墜するだけである。

このようにみると、本能寺の変は天正十年二月以来義昭が画策してきた芸土同盟による帰洛戦との関係から位置づけねばならない。しかし、変直後に義昭が帰洛戦を命じても、長宗我部・毛利両氏ともに、ただちに上方に向けて動くことはなかった。

長宗我部氏の場合は、史料B第二条に記されているように、信孝率いる四国攻撃軍との戦争に備えて軍隊が土佐国内に退却しており、対応に時間がかかった。一番近い位置にいた讃岐西長尾城（香川県丸亀市）の元親次男香川親和は軍勢を率いて出陣したが、秀吉の動きのほうが速く間に合わなかった。毛利氏の場合は、本篇にて述べた通りである（一三八頁）。

なお、本能寺の変が成功したにもかかわらず、なぜ芸土同盟が機能して帰洛戦を開始しなかったのか、との質問をしばしば受ける。これについては、毛利・長宗我部両氏にとって、芸土同盟の本質は攻守同盟だったことが大きい。義昭を盟主として、協力して信長の攻撃に対処することに主眼が置かれていたのだ。

彼らにとって、本能寺の変によってひとまず自家滅亡の危機は去ったのだから、義昭の帰洛戦に応じるには、光秀側の戦況が有利に展開していることと、新政権が成立した場合の地位や恩賞などの条件如何によっていたと考えられる。光秀も、六月九日の時点で上方を平定するのには五十日、百日かかると予想していた（一四六頁）。

したがって、義昭・光秀陣営にとって、なによりも秀吉の対応が異常なほど的確かつ迅速だったことが最大の敗因といえる。裏を返せば、それ以外ではこの補章で述べた柴田勝家対策をはじめとして、すべて順調な展開だったのである。

文庫版へのあとがき

記憶を辿ると、一九九四年に立花京子氏が発表された「本能寺の変と朝廷――『天正十年夏記』の再検討に関して」に、鮮烈な刺激を得たことが思い起こされる。読後、筆者は既知のいくつかの史料が一連のものであることを確信した。

その直後のこと、東京大学史料編纂所で久留島典子氏に（天正十年）六月十二日付土橋重治宛明智光秀書状写（森家文書）に関する私見の妥当性をうかがったことが記憶に新しい。気をよくした筆者が、史料群の背景を探ってゆくと、まもなく織田政権内部の抜きがたい派閥抗争という、政権そのものの脆弱性に思い至ったのであるが、やがて十五代将軍足利義昭の存在を無視することができなくなってしまった。

それまで、教科書的な「天正元年室町幕府滅亡説」に取り立てて異論を唱えることなどなかったのであるが、天正年間（一五七三～九二）における「信長包囲網」の中核に現職将軍がいたことを悟り、さらに「鞆幕府」（天正四年以降の義昭の亡命政権）の実在に気づくと、中世と近世の時代区分論という、とてつもなく大きな課題を抱え込むことになってしまった。

早速、鞆の浦（広島県福山市）の故地を訪問した。この折に、貴重な歴史的景観の保存に取り組む地元の学校教員の方々と出会い、その献身的な地域愛に心うたれ、教育者としての生き方も含めて学んだことを、ここに書き留めておきたい。このような熱いうねりが、二〇一八年に当地が日本遺産に認定される一つの流れを形成したと、筆者は確信する。

研究の中間報告として、一九九六年に拙稿「織田政権から豊臣政権へ——本能寺の変の歴史的背景」をまとめた。本能寺の変の背景に、将軍義昭の京都復帰に向けての画策があり、織田家中における派閥抗争に敗退した光秀が、旧主を推戴して幕府再興をめざした政変だったことを主張したものである。

研究史をひもとけば、すでに四十年近くも前に、染谷光廣氏が光秀家臣団の基盤が幕府衆であることを指摘し、三鬼清一郎氏が光秀と幕府衆との結合に本能寺の変の要因を求めるべきとする視点を提起している。筆者の研究は、これらの鋭い先行研究に刺激を受けてのものだった。

さらに、立花氏の著書『信長権力と朝廷』（二〇〇〇年）や筆者の『謎とき本能寺の変』（本書の原本、二〇〇三年）の刊行などがきっかけとなって、「本能寺の変ブーム」が沸き起こった。様々な「黒幕説」「関与説」が発表され活況を呈したが、結果的に一過性のブームに終始して「単独謀反説」に戻りしつつあった（谷口二〇〇七）。

この間、学界は相変わらずクールで、本能寺の変を織田政権論として追究することに十分な意義をみいださないままだったように、筆者には感じられた。織豊期を専門とする研究者においてすら、「戦国武将は天下をめざすもの」「信長が隙をみせたから光秀が天下を狙った」などの非学問的な発言が絶えず、これでは一体なんのための問題提起だったのか、自らの非力を反省し、沈思するしかなかった。

研究の停滞状況を破ったのが、二〇一四年の「石谷《いしがい》家文書」の発見だった。所蔵されている林原《はやしばら》美術館（岡山市）にうかがい、「石谷家文書」の解読・分析を担当された浅利尚民氏と内池英樹氏と意見交換する機会を得たが、史料と地域を大切にされるお二人の心意気に共感し、活力をいただいた。

二〇一七年には、「森家文書」の原本が美濃加茂市民ミュージアムに寄付され、広く公開されることになった。さらに、二〇一八年になって柴田勝家の本能寺の変直後の動向を示す史料群が日の目を見ることになった。偶然ではあるが、仲介者のご厚意によって、これらに筆者は関与することができた。

連年の発見によって、本能寺の変を挟む約三週間における重要人物の動向の詳細が判明することで、変に関する研究は格段に前進し、一定の方向へと収斂《しゅうれん》されつつある。現段階の研究状況は、二〇一四年以前の百家争鳴的な段階を完全に脱却している。

このたび、現代新書版を増補する機会を与えられた。そこで、刊行以来の十五年間に蓄積された本能寺の変に関係する史料群をもとに、拙論をあらためて検証して世に問うことにした。このような機会を与えてくださった所澤淳氏と、編集の労をとってくださった青山遊氏には心からお礼申し上げる。

二〇一九年正月　藤田達生

〔付記〕本書本篇については、現代新書版にもとづいているが、地図や図表は見やすいようにあらため、明白な誤りについては修正するなど加除を施している。

関連年表（本能寺の変前後の経過）

日	事項
	天正10年（1582）5月
17	秀吉から援軍要請があり、信長の中国出陣が現実化する。
	光秀、信長から家康の供応役を免ぜられ、近江坂本城に帰る。
26	光秀、丹波亀山城に入城する。これ以前に、上杉氏ら反信長勢力に対して使者を送る。
27	光秀、クーデターの成功を祈願するため愛宕山に登る。
28	光秀、愛宕威徳院において戦勝祈願の百韻連歌会（「愛宕百韻」）を催す。
29	信長、安土から上洛する。
	光秀、カムフラージュのために、鉄炮の玉薬（弾薬）など約百荷を西国に向けて送る。
	天正10年6月
1	信長、本能寺で勅使・公家・堺衆に名物の茶器を披露する。
	光秀、夕刻に亀山城を出立する。
2	未明、光秀、本能寺において信長を、二条御所において信忠を襲う。クーデター成功。

2	光秀、安土城に向かうが、山岡氏に瀬田橋を破壊され果たせず。
	光秀、夕刻坂本城に戻り、諸方に協力要請の書状を送る。
	光秀、美濃の野口城主・西尾光教に、味方となり大垣城を攻め取るよう指令する。
3	光秀、家臣を近江平定のために派遣する。
4	近江が、光秀勢によってほぼ平定される。
	筒井順慶、光秀と結ぶ。
	長宗我部元親の使者、鷺森本願寺に到着する。
	秀吉、この日までに本能寺の変の報を受ける（第一報は、三日との説もある）。
	秀吉、毛利氏と講和を結ぶ。備中高松城主・清水宗治、切腹する。
	家康、三河岡崎城に帰還する。
5	瀬田橋が修理され、光秀は安土城に入る。
	光秀、京極高次・阿閉貞征に命じて近江長浜城を落とし、斎藤利三を入れる。
	大坂城において、津田信澄が織田信孝・丹羽長秀らに殺害される。
	秀吉、中川清秀に「信長父子は無事」と偽情報を伝える。
	秀吉、これ以前に近江長浜までの連絡路を確保し、たびたび使者を送る。
6	秀吉、姫路城に到着する。
	小早川隆景、備中幸山城などの国境地域を固める。

7　光秀、夕刻に安土城で勅使・吉田兼見を迎える。

8　光秀、坂本城に帰還する。

光秀に呼応した安藤守就、美濃北方城で稲葉良通（一鉄）と戦い敗死する。

秀吉の家臣杉若無心、丹後宮津城の細川藤孝と連絡をとる。

9　光秀、上洛して銀子を正親町天皇・誠仁親王（各五百枚）と五山・大徳寺（各百枚）に献上し、吉田兼見にも五十枚贈る。

秀吉、未明に姫路を出発し、正午に明石に到達。秀吉勢、淡路洲本城の菅平右衛門を攻撃する。

秀吉、高山右近から光秀の動向を伝えられる。

義昭、自らの帰洛に奔走するよう、吉川元春父子と小早川隆景に命令を出す。

光秀、吉田兼見邸で夕食ののち、下鳥羽に出陣し、細川藤孝に協力要請の書状を送る。

10　光秀、筒井順慶の出陣をうながすため、洞ケ峠に滞陣する。

秀吉、中川清秀に返書して、11日に兵庫・西宮あたりに到着することを伝える。

11　光秀、下鳥羽に帰陣し、山城淀城を修復する。

光秀、筒井順慶の説得に藤田伝五を派遣するが、拒否される。

秀吉、尼崎に到着して剃髪する。

12　顕如と教如の和解がなり、光秀と結ぶために本願寺の使者が派遣される。

	光秀、土橋重治に出陣を要請する。
	秀吉、丹羽長秀・池田恒興らと作戦を練る。
13	天王山付近で前哨戦が始まる。
	秀吉、織田信孝に対面する。
	山崎の戦い。
	光秀、山城勝龍寺城を脱出し坂本城に向かう途中、小栗栖で農民に襲われて死ぬ。
	義昭、乃美宗勝に信長を討った旨を伝え、帰洛に協力するように命じる。
14	秀吉、近江に向かい、三井寺に到着する。
15	安土城天主が、焼失する。
	明智秀満、光秀の妻子らを刺殺して自刃し、坂本城が落城する。
16	秀吉、織田信孝とともに安土城に入城し、そののち長浜城に戻る。
	光秀の首と遺体が、本能寺の焼け跡に曝される。
17	義昭、長宗我部氏に帰洛のために協力するように命じる。
	斎藤利三、近江国堅田で生け捕られ、六条川原で斬首される。
22	粟田口に光秀・利三の首塚が築かれる。
25	秀吉、織田信孝とともに美濃・尾張に入り、光秀方の残党を掃討する。
27	清須会議の結果、秀吉の推した三法師（のちの織田秀信）が信長の後継者となる。

久野雅司編『足利義昭』（戎光祥出版　2015年）
久野雅司『足利義昭と織田信長』（戎光祥出版　2017年）
呉座勇一『陰謀の日本中世史』（角川書店　2018年）
鈴木将典「明智光秀の領国支配」（前掲『織田権力の領域支配』）
染谷光廣「織田政権と足利義昭の奉公衆・奉行衆との関係について」（『国史学』110・111合併号　1980年）
谷口克広『検証本能寺の変』（吉川弘文館　2007年）
谷口央「八月五日付生駒甚介宛（羽柴）筑前守秀吉書状について」（『松代』31　2017年）
早島大祐「明智光秀の居所と行動」（藤井讓治編『織豊期主要人物居所集成』思文閣出版　2011年）
藤田達生「『鞆幕府』論」（『芸備地方史研究』268・269　2010年）
「足利義昭の上洛戦」（藤田達生・福島克彦編『明智光秀』八木書店　2015年）
「柴田勝家と本能寺の変――北国における織田体制」（『富山史壇』179　2016年）
『秀吉神話をくつがえす』（講談社現代新書　2007年）
『信長革命――「安土幕府」の衝撃』（角川選書　2010年A）
『証言　本能寺の変』（八木書店　2010年B）
『天下統一――信長と秀吉が成し遂げた「革命」』（中公新書　2014年）
『織田信長――近代の胎動』（山川出版社　2018年）
藤田達生・福島克彦『明智光秀』（八木書店　2015年）
三鬼清一郎「織田政権の権力構造」（『講座日本近世史１――幕藩制国家の成立』有斐閣　1981年、後に同氏『織豊期の国家と秩序』青史出版　2012年所収）
三宅家史料刊行会編『明智一族　三宅家の史料』（清文堂出版　2015年）
森脇崇文「織田・長宗我部関係の形成過程をめぐる一考察――『香宗我部家伝証文』所収の織田信長・三好康長書状の分析を中心に」（『史窓』48　2018年）
山田康弘『戦国時代の足利将軍』（吉川弘文館　2011年）

・図録
『室町最後の将軍―足利義昭と織田信長―』（滋賀県立安土城考古博物館　2010年）
『細川ガラシャ』（熊本県立美術館　2018年）

化史論叢』下　1987年）
三浦圭一「惣村の起源とその役割」（同氏『中世民衆生活史の研究』思文閣出版　1981年、初出1967年）
宮上茂隆「安土城天主の復原とその史料に就いて」（『国華』998・999　1977年）
三宅正彦「幕藩主従制の思想的原理——公私分離の発展」（『日本史研究』127　1972年）
山田邦明「解説」（『覚上公御書集』臨川書店　1999年）
山田康弘『戦国期室町幕府と将軍』（吉川弘文館　2000年）
山本大編『長宗我部元親のすべて』（新人物往来社　1989年）
山本浩樹「戦国大名領国『境目』地域における合戦と民衆」（『年報中世史研究』19　1994年）
ルイス・フロイス『フロイス日本史』（中央公論社　1977〜80年）
和辻哲郎『鎖国——日本の悲劇』上・下（岩波文庫　1982年、初出1950年）

〔補章参考文献〕
※上記に含まれないもののみ。紙幅の都合から最小限に絞った。
浅利尚民・内池英樹編『石谷家文書——将軍側近のみた戦国乱世』（吉川弘文館　2015年）
天野忠幸『三好長慶』（ミネルヴァ書房　2014年）
『松永久秀と下剋上——室町の身分秩序を覆す』（平凡社　2018年）
池上裕子『織田信長』（吉川弘文館　2012年）
稲葉継陽「明智光秀論」（『細川ガラシャ』熊本県立美術館　2018年）
稲本紀昭「神戸信孝の四国出兵と北伊勢国人」（『三重県史研究』13　1997年、後に柴裕之編『織田氏一門』岩田書院　2016年所収）
金子拓「本能寺の変の『時間』と情報」（『大信長展』太陽コレクション　2016年）
『織田信長〈天下人〉の実像』（講談社現代新書　2014年）
川岡勉『室町幕府と守護権力』（吉川弘文館　2002年）
神田千里『織田信長』（ちくま新書　2014年）
木下昌規『戦国期足利将軍家の権力構造』（岩田書院　2014年）
桐野作人『だれが信長を殺したのか』（ＰＨＰ新書　2007年）
『織田信長』（新人物往来社　2011年）
功刀俊宏「織田権力の若狭支配」（戦国史研究会編『織田権力の領域支配』岩田書院　2011年）

富田正弘「室町殿と天皇」(『日本史研究』319　1989年)
内藤昌『復元安土城』(講談社選書メチエ　1994年)
中村栄孝「『右武衛殿』の朝鮮遣使」(同氏『日鮮関係史の研究』上、吉川弘文館　1965年)
ハーバート・ビックス『昭和天皇』上・下(講談社　2002年)
橋本政宣「織田信長と朝廷」(同氏『近世公家社会の研究』吉川弘文館　2002年、初出1982年)
「贈太政大臣織田信長の葬儀と勅諚」(同氏前掲書、初出2000年)
長谷川博史編「中世の港町鞆の浦を探る」(『鞆の浦の歴史　福山市鞆町の伝統的町並に関する調査研究報告書Ⅰ』福山市教育委員会　1999年)
花ケ前盛明「直江兼続の出自と越後時代」(花ケ前盛明編『直江兼続のすべて』新人物往来社　1993年)
林信男『備中高松城水攻の検証』(私家版　1999年)
福島克彦『自治の街、大山崎』(大山崎町歴史資料館　1997年)
藤木久志『雑兵たちの戦場』(朝日新聞社　1995年)
「村の動員」(同氏『村と領主の戦国世界』東京大学出版会　1997年、初出1993年)
藤田達生「織田政権から豊臣政権へ――本能寺の変の歴史的背景」(『年報中世史研究』21　1996年)
「室町末・戦国初期にみる在地領主制の達成――近江国朽木氏」(拙著『日本中・近世移行期の地域構造』校倉書房　2000年、初出1992年)
『本能寺の変の群像――中世と近世の相剋』(雄山閣出版　2001年)
「明智光秀の政権構想」(『安土城考古博物館特別展図録』　2001年)
「バテレン追放令の布達とその背景」(拙著『日本近世国家成立史の研究』校倉書房　2001年)
「豊臣国分論(三)――九州国分」(拙著『日本近世国家成立史の研究』初出1995年)
「足利義昭と本能寺の変」(『真説　本能寺の変』集英社　2002年)
二木謙一「豊臣政権の儀礼格式」(同氏『武家儀礼格式の研究』吉川弘文館　2003年)
堀新「織田信長と武家官位」(『共立女子大学文芸学部紀要』45　1999年)
「信長の動向」(『真説　本能寺の変』集英社　2002年)
本多博之「戦国・豊臣期の貨幣通用と公権力――撰銭の発生から石高制の成立まで」(池享編『銭貨――前近代日本の貨幣と国家』青木書店　2001年)
松尾良隆「織豊期の『城わり』について」(横田健一先生古稀記念会『文

斎藤夏来「織豊期の公帖発給権——五山法度第四条の背景と機能」(三鬼清一郎編『織豊期の政治構造』吉川弘文館　2000年)
ジェフリ・パーカー『長篠合戦の世界史——ヨーロッパ軍事革命の衝撃1500〜1800年』(同文舘出版　1995年)
設楽薫「足利義尚政権考——近江在陣中における『評定衆』の成立を通して」(『史学雑誌』98編2号　1989年)
島津忠夫「天正十年愛宕百韻」(新潮日本古典集成『連歌集』新潮社　1979年)
ジョン・ダワー『敗北を抱きしめて』上・下(岩波書店　2001年)
末柄豊「細川氏の同族連合体制の解体と畿内領国化」(石井進編『中世の法と政治』吉川弘文館　1992年)
高岡徹「越中における中世城郭の攻防」(『富山史壇』86・87合併号　1985年)
「越中五箇山をめぐる城砦群と戦国史の様相」(網野善彦・石井進編『中世の風景を読む4　日本海交通の展開』新人物往来社　1995年)
高木昭作『将軍権力と天皇——秀吉・家康の神国観』(青木書店　2003年)
高橋富雄『征夷大将軍』(中公新書　1987年)
高柳光寿『明智光秀』(吉川弘文館　1958年)
立花京子「本能寺の変と朝廷——『天正十年夏記』の再検討に関して」(『古文書研究』39　1994年、のちに同氏『信長権力と朝廷』岩田書院2000年所収)
「信長馬揃えの歴史的意義」(同氏『信長権力と朝廷』所収)
「明智光秀花押の経年変化と光秀文書の年次比定」(『古文書研究』46　1997年)
「信長をめぐる朝廷の群像」(『真説　本能寺の変』集英社　2002年)
田中健夫『対外関係と文化交流』(思文閣出版　1982年)
田中義成『足利時代史』(講談社学術文庫　1979年、初出1923年)
『織田時代史』(講談社学術文庫　1980年、初出1924年)
谷口克広『織田信長家臣人名辞典』(高木昭作監修、吉川弘文館　1995年)
『信長の親衛隊』(中公新書　1998年)
「本能寺の変をめぐる最近の研究動向」(『歴史評論』第632号　2002年)
津田勇「『愛宕百韻』を読む——本能寺の変をめぐって」(『真説　本能寺の変』集英社　2002年)

参考文献（五十音順）

朝尾直弘『大系日本の歴史８　天下一統』（小学館　1988年）
家永遵嗣『室町幕府将軍権力の研究』（東京大学日本史学研究論叢１　1995年）
池上裕子「戦国期北信の武士と上杉氏の支配」（『市誌研究ながの』５　1998年）
石井進『中世のかたち』（中央公論新社　2002年）
伊藤幸司『中世日本の外交と禅宗』（吉川弘文館　2002年）
今谷明『戦国期の室町幕府』（角川書店　1975年）
『室町幕府解体過程の研究』（岩波書店　1985年）
『室町の王権』（中公新書　1990年）
浦長瀬隆『中近世日本貨幣流通史』（勁草書房　2001年）
太田昌子「服属儀礼と城郭の障壁画」（池享編『日本の時代史13　天下統一と朝鮮侵略』吉川弘文館　2003年）
大野治「足利義昭と紀州滞留」（『あかね』24、御坊文化財研究会　1997年）
奥野高広『足利義昭』（吉川弘文館　1960年）
長節子「所謂『永禄六年諸役人付』について」（『史学文学』４－１　1962年）
蕪木宏幸「足利義昭の研究序説――義昭の花押を中心に」（『書状研究』16　2003年）
木村信幸「吉川元春の花押変改について」（長谷川博史編『戦国期大名毛利氏の地域支配に関する研究』科学研究費補助金報告書　2003年）
桐野作人『信長謀殺の謎』（ファラオ企画　1992年）
『真説　本能寺』（学習研究社　2001年）
「明智光秀と本能寺の変」（『真説　本能寺の変』集英社　2002年）
「信長『腹立』の真相」（『歴史読本』　2003年５月号）
久野雅司「足利義昭政権と織田政権」（『歴史評論』第640号　2003年）
黒田智「信長夢合わせ譚と武威の系譜」（『史学雑誌』111編６号　2002年）
黒田俊雄『日本中世の国家と宗教』（岩波書店　1975年）
桑田忠親『織田信長』（角川新書　1964年）
『明智光秀』（新人物往来社　1973年）
小泉義博『越前一向衆の研究』（法藏館　1999年）

本書の原本は、二〇〇三年一〇月、『謎とき本能寺の変』として
講談社現代新書より刊行されました。

藤田達生（ふじた　たつお）

1958年、愛媛県生まれ。神戸大学大学院博士課程修了。学術博士。現在、三重大学教育学部・大学院地域イノベーション学研究科教授。専攻は、日本近世国家成立史の研究。主な著書に、『秀吉神話をくつがえす』『江戸時代の設計者』（ともに講談社現代新書）、『秀吉と海賊大名』『天下統一』（ともに中公新書）などがある。

講談社学術文庫

定価はカバーに表示してあります。

本能寺《ほんのうじ》の変《へん》

藤《ふじ》田《た》達《たつ》生《お》

2019年6月10日　第1刷発行

発行者　渡瀬昌彦

発行所　株式会社講談社

東京都文京区音羽2-12-21　〒112-8001

電話　編集（03）5395-3512

販売（03）5395-4415

業務（03）5395-3615

装　幀　蟹江征治

印　刷　大日本印刷株式会社

製　本　株式会社国宝社

ISBN978-4-06-516277-4

「講談社学術文庫」の刊行に当たって

これは、学術をポケットに入れることをモットーとして生まれた文庫である。学術は少年の心を養い、成年の心を満たす。その学術がポケットにはいる形で、万人のものになることは、生涯教育をうたう現代の理想である。

こうした考え方は、学術を巨大な城のように見る世間の常識に反するかもしれない。また、一部の人たちからは、学術の権威をおとすものと非難されるかもしれない。しかし、それはいずれも学術の新しい在り方を解しないものといわざるをえない。

学術は、まず魔術への挑戦から始まった。やがて、いわゆる常識をつぎつぎに改めていった。学術の権威は、幾百年、幾千年にわたる、苦しい戦いの成果である。こうしてきずきあげられた城が、一見して近づきがたいものにうつるのは、そのためである。しかし、学術の権威を、その形の上だけで判断してはならない。その生成のあとをかえりみれば、その根は常に人々の生活の中にあった。学術が大きな力たりうるのはそのためであって、生活をはなれた学術は、どこにもない。

開かれた社会といわれる現代にとって、これはまったく自明である。生活と学術との間に、もし距離があるとすれば、何をおいてもこれを埋めねばならない。もしこの距離が形の上の迷信からきているとすれば、その迷信をうち破らねばならぬ。

学術文庫は、内外の迷信を打破し、学術のために新しい天地をひらく意図をもって生まれた。文庫という小さい形と、学術という壮大な城とが、完全に両立するためには、なおいくらかの時を必要とするであろう。しかし、学術をポケットにした社会が、人間の生活にとってより豊かな社会であることは、たしかである。そうした社会の実現のために、文庫の世界に新しいジャンルを加えることができれば幸いである。

一九七六年六月

野間省一